부자 뇌 가난한 뇌

인생이 바뀌는 부자들의 루틴, 습관을 고쳐라!

지은이 **이승주**

초이스북

부자 뇌 가난한 뇌

Rich Brain Poor Brain

CONTENTS

프롤로그 8

chapter 1 부자 뇌의 특징
감정, 도파민, 스트레스에 휘둘리지 않고 이끌어간다

- 내 통장은 왜 감정에 털릴까? 14
- 뇌는 결심이 아니라 반복 루틴을 따른다 16
- 도파민에 끌려가는 뇌, 이끄는 뇌 18
- 돈을 보는 뇌, 돈에 휘둘리는 뇌 20
- 두려움에 머무는 뇌, 움직이는 뇌 24
- 부자 뇌의 사령탑, 전전두엽 27
- 스트레스를 다루는 뇌, 휘둘리는 뇌 29
- 오늘 한 잔?, 10년 후 내 집! 32
- 리스크, 피할 것인가 해체할 것인가 35
- 부자 뇌는 실패 후 회복회로를 켠다 38
- 감정에 반응하되, 감정에 지지 않는 뇌 41
- 부자 뇌는 리듬을 탄다 43

chapter 2 가난한 뇌의 특징
감정에 휘둘리고, 미루고, 도망치고

- 가난한 뇌는 감정에 휘둘린다 48
- 기회를 미루는 뇌, '다음'이라는 회로 52
- 나는 원래 그런 사람이야 55
- 뇌는 감정을 회로에 새긴다 58
- 뇌는 다시 태어날 수 있다 60
- 뇌는 묻는 만큼 자란다 63

- 손해를 더 강하게 저장하는 뇌 66
- 미루고, 도망치며, 방어하는 뇌 70
- 남의 삶을 훔쳐보는 뇌 73
- 성공을 감당하지 못하는 뇌 75
- 실패 감정이 회로로 굳어진 뇌 79
- 실패는 지우고, 감정은 새긴다 81
- 뇌는 익숙한 고통을 선호한다 84
- 자기효능감이 낮은 뇌 86
- 당장의 보상에 먼저 움직이는 뇌 89
- 충동에 못이겨 전두엽이 사라진 뇌 92
- 스트레스는 또 다른 스트레스를 낳고 94
- 혼자 버티는 뇌, 더 가난해진다 96
- 나는 왜 돈 이야기만 나오면 작아질까 100
- 회피를 정당화하는 뇌 104
- 가난은 뇌에 각인된 무의식적 회로 107
- 오늘의 자극을 택하는 뇌 110

chapter 3 **부자 뇌로 훈련하기**
자제력, 낙관, 몰입, 계산, 습관

- 자제력은 훈련되는 회로다 114
- 감정은 흐름을 만드는 뇌의 연료다 117
- 미래의 더 큰 보상을 위해 몰입하라 121
- 목표를 끝까지 밀고 가는 회로 설계법 123
- 구체적인 감정 훈련으로 회로를 바꾸라 127
- 회피보다 계산하는 뇌를 만들라 130
- 자기효능감, 감정 조절력, 목표 지향성 133
- 위기에서 가능성 계산하는 뇌로 만들기 136
- 반복 습관으로 시냅스 강화하기 139
- 운동·식단·수면이 뇌를 설계한다 142
- 위기를 '결정 가능한 정보'로 바라보기 145

chapter 4 속여야 오래 간다, 뇌를 설계하는 거짓말
뇌를 속이는 자기암시, 습관 설계 전략

- 뇌는 먼저 느끼고, 나중에 생각한다 150
- 반복된 언어가 뇌의 회로를 바꾼다 153
- 작은 보상으로 뇌를 속여라 158
- 더 느리고, 더 작게, 더 오래 기쁨을 만든다 161
- 루틴을 만들되, 루틴에 갇히지는 말라 163
- 돈을 쓸 때도 시나리오대로 166
- 습관은 뇌의 자동 운전이다 169
- 부자 뇌의 4가지 일상 회로, 운동·명상·식사·수면 171
- 습관 설계는 결국 환경 설계다 174
- 작은 루틴이 부자 회로를 만든다 177

chapter 5 뇌는 운명을 거부한다
유전도 환경도 전부가 아니다

- 나는 내 편이다 182
- 뇌가 삶을 바꾼다는 증거, 신경가소성 185
- 오늘의 반복이 미래를 설계한다 187
- 뇌는 바라보는 방향대로 연결된다 189
- 되는 뇌는 말버릇부터 다르다 192
- 말하는 방식이 곧 뇌의 방향이다 194
- 자신을 관찰하는 뇌가 선택을 바꾼다 197

chapter 6 지갑보다 먼저 반응하는 뇌
도파민을 기다리지 말고 설계하라

- 감정 회로와 판단 회로의 싸움 202
- 말이 씨가 되고 생각이 거름이 된다 205
- 부자 뇌는 감정을 넘어선다 208
- 부자 뇌는 도파민을 설계한다 211
- 부자 뇌는 식사도 전략적으로 한다 214
- 부자 뇌는 협업 회로가 켜진 뇌다 217
- 스트레스가 느껴지면, 잠시 멈춰라 221

chapter 7 뇌는 각본을 반복하고, 나는 각본을 바꾼다
전두엽을 깨우라

- '나는 이런 사람'에서 빠져나오기 226
- 나의 뇌 사용 설명서를 쓰라 229
- 나는 지금 이 순간에도 충분해 234
- 나만의 뇌 회로를 설계하는 동기 부여 루틴 237
- 돈, 감정, 관계를 동시에 바꾸는 뇌 통합설계법 241
- 생각은 내가 하고, 행동은 뇌가 한다 246
- 습관이 회로가 되면 뇌가 바뀐다 249
- 정리정돈은 뇌의 실행 회로를 여는 의식이다 252
- 천 원은 아까운데, 백만 원은 괜찮은 뇌 255
- 공간·관계·언어를 리셋하는 회로 조정술 258
- 뇌를 다시 쓰는 하루 15분의 설계 루틴 260

워크북 1. 뇌 회로를 다시 쓰는 30일 훈련 263

     2. 부자 뇌를 만드는 MBS 6단계 268

참고문헌 272

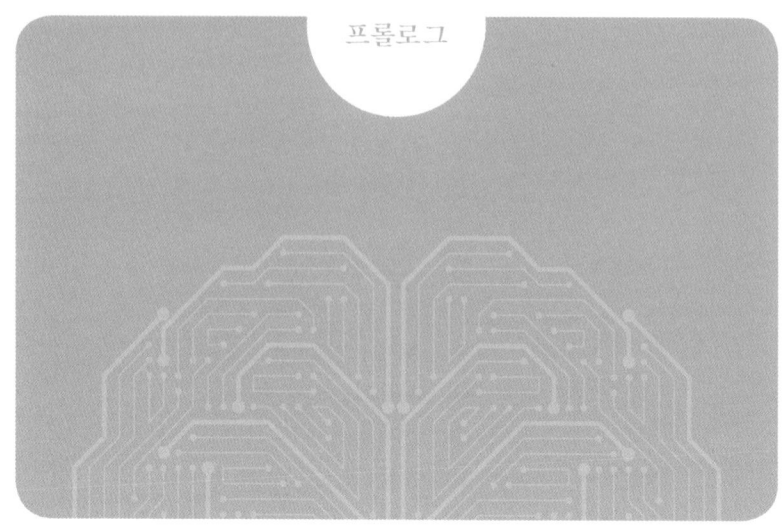

프롤로그

예로부터 '팔자를 바꾸려면 습관을 바꾸라'고 했다. 어린 시절, 할아버지는 늘 내게 말씀하셨다. "앞으로 살면서 팔자타령은 절대 하지 마라. 모든 건 인과(因果)야. 오늘은 어제의 결론이고, 운명을 바꾸고 싶다면 습관과 성격부터 점검해야 해." 그 말은 오래도록 내 안에 남았다.

최근 몇 달간, 뇌에 깊이 빠지게 된 사건(?)이 있었다. 과거 잡지사 취재기자로 일할 때 뇌 전문가를 몇 번 인터뷰한 적은 있지만 그렇다고 뇌과학에 특별한 관심이 있었던 것은 아니었다. 그런데 어느 날, 사랑하는 아들의 뇌에서 이상 신호가 나타났다. 질병이었고 다행히 치료하는 중이지만, 그 걱정은 나를 뇌 공부라는 긴 여정으로 이끌었다. 기자의 본능을 발휘해 뇌에 관한 책을 50권 넘게 읽고, 유튜브 강의들을 정리해나갔다.

그러고 보니 오래전부터 궁금했던 것이 있긴 했다. 왜 어떤 사람은 비슷한 조건에서도 부자가 되고, 또 어떤 사람은 가난을 반복하는 걸까. 기자 시절, 많은 부자들을 인터뷰하면서 느낀 것이 있다. 그들의 말투, 생각 방식, 일상 루틴은 가난한 사람들과 분명 달랐다. 그렇다면 혹시 뇌에도 '부자 회로'와 '가난한 회로'가 따로 존재하는 건 아닐까?

책을 읽고, 사람들을 만나고, 수많은 사례를 정리한 끝에 나는 한 가지 결론에 도달했다. 가난은 단지 '돈이 없는 상태'가 아니다. 그것은 선택의 패턴이고, 그 패턴을 유도하는 뇌의 회로 구조다. 어떤 사람은 같은 월급을 받아도 재산을 차곡차곡 늘려가고, 어떤 사람은 매년 연봉이 오르는데도 늘 부족해 쩔쩔맨다. 똑같은 기회를 앞에 두고도 누구는 "이건 나랑 상관없는 얘기야"라고 하고, 누구는 "이 안에 내 가능성이 있다"고 말한다. 이 차이는 머리의 총명함이 아니라, 뇌가 어떤 회로를 따르고 있느냐에서 비롯된다.

이 책은 '부자와 가난한 사람의 차이'를 단순히 돈의 많고 적음으로 설명하지 않는다. '얼마나 벌었는가'보다 중요한 건 '무엇을 반복했는가'이고, '얼마나 아는가'보다 '어떤 회로로 행동하는가'가 핵심이다.

부자의 회로는 더 똑똑한 사람에게 이미 살려 있는 것이 아니라, 더 명확한 상을 떠올리고, 더 자주 반복하며, 더 오래 지속하는 사람의 뇌에 자리 잡는다.

나는 이 책을 통해 뇌과학, 심리학, 행동경제학, 그리고 실제 부자들의 사고 패턴을 교차해 정리했다. 어떤 생각이 도파민 회로를 자극하고, 어떤 습관이 몰입을 유도하며, 어떤 내면 언어가 무의식을 움직이는지를 구체적으로 보여준다. 그리고 지금 당신이 무의식적으로 반복하고 있는 회로를 자각하게 만들고, 그 회로를 의식적으로 다시 설계할 수 있다는 확신을 전해주고 싶다.

우리는 늘 '열심히 살아야 한다'는 말을 듣지만, 정작 중요한 건 열심히의 '방향'이다. 의지력은 쉽게 고갈되고, 감정은 하루에도 수십 번 요동친다.

결국 사람을 바꾸는 건 '의지'가 아니라 '회로'다. 회로는 반복된 언어, 반복된 이미지, 반복된 행동으로 구성되며, 한 번 만들어진 회로는 스스로를 유지하고 강화하는 경향이 있다.

생각해보면, 할아버지의 말씀은 단지 옛 어르신의 덕담이 아니었다. '팔자를 바꾸려면 습관과 성격을 바꾸라'는 그 말은 곧, 생활을 바꾸면 뇌의 회로가 달라지고, 회로가 달라지면 삶이 달라진다는 사실을 아주 오래전부터 꿰뚫어 본 통찰이었다.

나는 왜 늘 같은 문제에 부딪히는가?
나는 왜 좋은 정보를 알아도 실천하지 못하는가?
나는 왜 무언가를 시작해도 중간에 포기하는가?
그 질문의 답은, 당신의 회로가 그렇게 설계되어 있기 때문이다.

그리고 좋은 소식이 있다. 회로는 언제든 다시 쓸 수 있다는 것이다.

『부자 뇌, 가난한 뇌』는 당신의 무의식 속 회로를 들여다보게 만들고, 새로이 설계할 수 있는 '마음과 뇌의 건축도면'을 제공한다. 이 책은 거창한 성공담도, 진부한 부자 철학도 아니다. 뇌를 이해한 사람이 삶을 어떻게 재설계하는지를 알려주는 실제적 안내서다. 책을 다 읽고 나면, 당신은 돈을 대하는 태도뿐 아니라, 말하는 방식, 감정 조절 감각, 루틴을 유지하는 전략까지 새롭게 보이게 될 것이다.

이 책은 당신의 '능력'을 바꾸지는 않는다. 하지만 당신의 회로는 바꿔줄 수 있다. 그리고 회로가 바뀌면, 능력은 반드시 따라오게 되어 있다.

2025년 11월 이승주

부자 뇌는 거창한 결단에서
시작되지 않는다.
대신 그들은 매일의 '작은 루틴'을
꾸준히 갖는다.
감정에 끌려가지 않기 위해
훈련하고,
목적을 잊지 않기 위해
습관을 설계한다.
반복이 곧 구조가 되고,
구조가 결국 성향이 되며,
성향은 인생의 모양을 바꾼다.

chapter 1

부자 뇌의 특징

감정, 도파민, 스트레스에
휘둘리지 않고 이끌어간다

다음 달의 내가
갚아주겠지..

내 통장은 왜 감정에 털릴까?

왜 우리는 다이어트를 결심하고도 야식을 시키고, 절약을 다짐한 날 나도 모르게 쇼핑앱을 켜게 될까? 누구나 이성적으로는 안 된다고 생각하지만, 감정은 언제나 한 발 더 앞서 움직인다. 그 이유는 뇌 속의 두 지휘관, 전전두엽과 편도체가 끊임없이 주도권을 두고 다투고 있기 때문이다.

전전두엽은 미래를 설계하는 사령관이고, 편도체는 지금을 살아내는 감정의 지휘자다. 전전두엽은 계획을 세우고 손익을 계산하며 다음 단계를 상상하지만, 편도체는 '좋다', '싫다', '무섭다', '지금 하고 싶다' 같은 반응을 즉각적으로 내놓는다. 한마디로 편도체는 속도가 빠르지만 앞을 보지 않고, 전전두엽은 느리지만 멀리 보는 것이다. 바로 이 차이가 부자 뇌와 가난한 뇌의 첫 번째 갈림길이 된다.

편도체가 우위를 점한 뇌는 감정에 쉽게 휘둘리고 충동적으로 소비하거나 불안에 떠밀려 결정을 미루게 된다. 지출은 기분 탓이 되고, 선택은 본능적 방어로 흘러가며, 결과적으로 통장은 비어가고 삶의 방향은 흐릿해진다.

반면, 전전두엽이 주도권을 가진 뇌는 감정의 소용돌이 속에서도 중심을 잃지 않는다. 한 박자 쉬어가는 능력을 갖춘 사람은 상황을 한 발짝 떨어져 바라볼 수 있고, 오늘의 쾌락보다 내일의 안정, 즉각적 만족보다 장기적 보상을 선택할 수 있다. 결국 부자 뇌란 계산이 빠른 뇌가 아니라, 감정보다 이성을 먼저 호출할 줄 아는 뇌다. 그리고 그 차이는 타고나는 게 아니라 훈련을 통해 만들어지는 것이다.

뇌는 자주 쓰는 회로가 강화된다. 감정의 회로를 자주 쓰면 편도체는 더 날카로워지고, 생각의 회로를 자주 쓰면 전선두엽은 더 난단해진다. 그렇다면 지금 내 통장에 영향을 끼치는 건 어느 쪽 뇌일까. 소비의 순간, '왜 썼는가'보다 '누가 썼는가'를 묻는 것이 더 정확하다. 편도체가 휘두른 카드인지, 전전두엽이 허락한 결정인지 돌아보면 내 뇌의 주도권이 어디에 있는지 알 수 있다.

전전두엽을 훈련하고 싶다면 거창한 도전이 필요하지는 않다. 클릭 전에 숨 한번 깊게 들이마시기, 가격 보기 전 눈을 잠시 감기, 결제를 누르기 전에 내일 아침의 내가 뭐라 할지를 상상해보는 것만으로도 충분하다. 이 짧은 멈춤은 뇌의 흐름을 바꾸는 시작이 되고, 반복될수록 감정이 아닌 이성이 앞서는 뇌를 만들어간다. 부자 뇌는 뛰어난 수학자나 냉정한 전략가의 뇌가 아니라, 멈출 줄 알고 생각할 줄 아는 평범한 사람의 훈련된 회로에서 시작된다.

뇌는 결심이 아니라 반복 루틴을 따른다

뇌는 의지 따위는 기억하지 않는다. 결심을 아무리 해도 감정에 매번 흔들린다. 하지만 반복은 뇌에 남는다. 우리가 자주 하는 행동이 뇌의 회로를 결정하고, 뇌는 그 회로를 따라 다음 선택을 결정한다. 그래서 인생은 '한 번의 각성'보다 '매일의 루틴'에 의해 바뀐다. 하루 단 5분, 그 짧은 반복만으로도 뇌는 새로운 반응을 배우기 시작한다. 부자 뇌는 타고나는 것이 아니라, 매일 조각되는 것이다. 그 조각의 도구가 바로 '작은 훈련'이다.

가난한 뇌는 감정과 자극에 빠르게 반응한다. 하기 싫으면 멈추고, 원하면 클릭을 해버리고, 귀찮으면 미룬다. 이런 회로는 전전두엽의 개입을 점점 약화시키고, 뇌는 즉각적 쾌락만 좇는 패턴으로 굳어간다. 판단보다 감정이 빠르고, 계획보다 반응이 먼저인 뇌는 결국 오늘의 기분에 휘둘리는 삶을 만든다. 이 구조를 바꾸기 위해선, 전전두엽이 개입할 수 있는 '틈'을 매일 조금씩 만들어줘야 한다.

그 시작은 단순하다. 감정이 치고 올라올 때, 딱 3초만 멈춰본다. 그 순간 전전두엽이 반응할 기회를 얻는다. 그리고 하루 중 아무 때나

1분만 써서 묻는다. 지금 내가 느끼는 감정은 무엇이고, 내가 하려는 행동은 왜 그런가. 이 짧은 자기인식은 뇌에게 '나는 내가 뭘 하고 있는지 알고 있다'는 메시지를 전달한다. 마지막으로 아침이나 저녁 5분, 매일 반복 가능한 루틴 하나를 만든다. 예를 들어 오늘의 지출 예상 한 줄 쓰기, '내일 아침 나에게 고마운 행동 하나 하기' 같은 사소한 행동이면 충분하다. 반복이 쌓이면 뇌는 감정보다 판단을 먼저 꺼내는 회로를 강화하게 된다.

부자 뇌는 거창한 결단에서 시작되지 않는다. 대신 그들은 매일의 '작은 루틴'을 꾸준히 갖는다. 감정에 끌려가지 않기 위해 훈련하고, 목적을 잊지 않기 위해 습관을 설계한다. 뇌는 그렇게 방향을 기억한다. 반복이 곧 구조가 되고, 구조가 결국 성향이 되며, 성향은 마침내 인생의 모양을 바꾼다.

도파민에 끌려가는 뇌, 이끄는 뇌

도파민은 누구에게나 있다. 도파민은 뇌에서 분비되는 신경전달물질이자 행동과 감정에 영향을 주는 화학 물질로 그저 기분 좋게 하는 물질이 아니다. 인간의 행동과 학습, 욕망과 중독을 설계하는 뇌의 설계자다.

문제는 도파민이 뇌 안에서 어떻게 쓰이느냐, 어디를 향하느냐에 있다. 누군가에겐 도파민이 즉각적인 자극을 부추기고, 또 누군가에겐 그것이 방향을 잡는 연료가 된다. 똑같은 물질인데, 어떤 뇌는 그것에 끌려다니고, 어떤 뇌는 그것을 이끌고 간다.

가난한 뇌는 도파민을 즉각적인 만족의 버튼으로 사용한다. 무언가를 원하면 바로 누르고, 광고가 뜨면 클릭하고, 보기만 해도 기분 좋아질 것 같은 콘텐츠에 순식간에 몰입한다. '기분이 좋아질 거야'라는 생각이 들면 도파민이 먼저 분비되고, 뇌는 이미 보상이 온 것처럼 들뜬다. 문제는 실제 보상이 기대에 못 미칠 때마다 도파민은 더 강한 자극을 요구하게 되고, 뇌는 점점 짧고 강한 만족에만 반응하게 된다. 이 회로가 반복되면 생각보다 자극, 성과보다 반응, 성취보다 기분이 앞서는 구조가 된다. 결국 도파민에 이끌리는 뇌는 멀리 보지 못하고, 늘 지금 당장의 즐거움에 매달리게 된다.

부자 뇌는 도파민을 동력으로 쓴다. 무언가 하고 싶다는 느낌이 들면 곧장 행동으로 연결하고, 그 과정 안에서 쾌감을 다시 도파민으로 재투입한다. 도파민이 '하고 싶다'는 감정을 불러올 때, 부자 뇌는 그걸 '할 수 있다'는 계획으로 바꾸며 다음 단계를 그려낸다. 도파민은 그저 기분을 띄우는 자극이 아니라, 길을 그리는 내비게이션이 된다. 오늘 작은 성취가 쌓이면, 내일의 도파민은 자극이 아니라 확신으로 바뀐다. 도파민의 방향이 다르다는 건, 결국 삶의 궤도가 다르다는 뜻이다.

도파민에 끌려다닌 뇌는 더 강한 자극 없이는 집중할 수 없고, 반복적인 '기대→실망'의 사이클에 갇히게 된다. 반대로 도파민을 일의 순서 안에 넣고 실행한 뇌는 성취를 기억하고, 다음 보상에 대한 예측 능력을 키우게 된다. 뇌는 우리가 반복한 감정과 행동을 기준점으로 회로를 재설계한다. 같은 신호라도 그것을 '끌려간 경험'으로 저장한 뇌와 '끌어간 기억'으로 저장한 뇌는 완전히 다른 선택을 하게 된다.

가난한 뇌는 도파민을 좇고, 부자 뇌는 도파민을 설계한다. 같은 도파민인데 다른 방식, 다른 삶으로 나타난다. 당신은 어떤 방향으로 도파민을 사용할 것인가.

돈을 보는 뇌, 돈에 휘둘리는 뇌

돈을 보면 뇌는 먼저 반응한다. 어떤 사람의 뇌는 기회를 떠올리고, 또 어떤 뇌는 불안을 먼저 감지한다. 누군가에겐 돈이 선택지를 넓히는 수단이고, 또 다른 누군가에겐 생존의 마지노선이다. 이 차이는 단순한 취향이나 성격 문제가 아니다. 돈에 대한 관점은 뇌의 회로를 형성하고, 그 회로는 다시 돈을 대하는 태도를 결정한다.

돈을 어떤 눈으로 보느냐가 결국, 인생을 어떤 방식으로 설계할지를 결정한다.

가난한 뇌는 돈을 생존의 수단으로 본다. 이 뇌는 "돈이 없으면 곧 위험"이라는 긴장감에 반응하며 작동한다. 잠시 돈이 들어오면 안도하지만, 이내 다시 불안으로 회귀한다. 돈은 모으기 위한 것이 아니라, 잃지 않아야 하는 것이 되며, 소비는 계산이 아니라 감정의 방출이 된다. 지출 후에는 만족이 아닌 후회가 따라오고, 저축조차 '혹시 몰라서'의 두려움 기반이다. 이런 뇌는 소비든 절약이든 행동의 중심에 불안이 놓인다. 결국 뇌는 위험을 감지하는데 대부분의 에너지를 쓰고, 기회를 포착하거나 설계할 여유는 줄어든다.

그러나 부자 뇌는 돈을 통제 수단으로 바라본다. 돈은 기회를 실행하는 장치이고, 자신이 방향을 정할 수 있는 자원으로 인식된다. 부자 뇌는 돈을 감정이 아니라 시스템으로 다룬다. 지출은 손실이 아니라 전략이고, 소비는 순간적 위로가 아니라 장기적 목표를 이루는 하나의 도구로 이해된다.

중요한 건 부자 뇌는 처음부터 돈이 많았던 게 아니라, 살아오면서 돈을 보는 뇌의 관점을 끊임없이 훈련했다는 점이다. 이 반복이 전전두엽의 회로를 단단히 만들고, 판단이 감정보다 먼저 반응하게 만든 것이다.

돈에 대한 태도는 결국 뇌의 신념 구조다. 불안을 중심에 둔 뇌는 '줄어드는 돈'에 반응하고, 통제를 중심에 둔 뇌는 '의미 있게 쓰이는 돈'을 상상한다. 둘 다 같은 가격표를 보지만, 한쪽은 당장의 액수를 보고, 다른 쪽은 그 돈이 만들어낼 결과를 본다. 뇌는 이 반복된 관점을 기준값으로 삼고, 그 회로를 강화해 간다.

이처럼 돈을 대하는 방식은 습관처럼 보이지만 사실은 신경 회로의 패턴이다. 그 패턴은 충분히 바꿀 수 있다. 오늘 한 번, 돈을 무언가를 '잃지 않기 위해' 쓰는 게 아니라 '움직이기 위해' 써본다면, 뇌는 새로운 감각을 학습하기 시작한다. 감정이 아닌 기준으로 소비를 해보고, 불안이 아닌 방향으로 예산을 짜보는 연습이 뇌의 회로를 전환한다.

당신이 오늘 어떤 감정으로 돈을 바라봤는지는 사소해 보일 수 있다. 하지만 뇌는 그 감정을 기억하고, 그 기억이 반복되면 인생의 회로가 된다는 것을 명심하라.

가난한 뇌

민수는 30대 중반 직장인이다. 월급날이면 잠시 기분이 좋아지지만, 그 기분은 통장에 들어온 숫자를 확인하면서 온갖 생각을 하게 된다. "이번 달도 카드값이 왜 이렇게 많은 거야. 보험료, 월세, 식비, 대출 이자까지…" 머릿속엔 벌써 마이너스 계산이 돌아간다.

민수의 뇌는 계획된 소비보다 '지금 당장 마음을 놓이게 해주는 소비'를 선택한다. 카드값을 내면서 그 한 달의 걱정을 종료시킨다. 그리고는 퇴근길에 무의식적으로 치킨을 시키고, 당일 배송 세일을 보며 결제를 누른다.

이른바 민수의 뇌는 돈이 들어오면 안도 → 일시 해결 → 충동 소비 → 반복의 회로를 선택해 버리는 것이다. 그의 뇌는 돈은 '기회'가 아닌, 그 한 달을 해결하는 수단이 되며, 결국 무언가를 '설계'할 힘을 잃어버린다.

부자 뇌

유진은 30대 초반 프리랜서 작가다. 수입이 일정치 않지만, 매달 말이면 '이번 달의 예산 회고'를 적는다.

"이달엔 예상보다 외식비가 많았지만, 투자 계좌는 계획대로 잘 넣었어. 다음 달엔 교육비 대신 헬스장 등록비로 전환하자."

그녀는 돈을 쓸 때 항상 "이건 어떤 결과를 낳을까?"를 기준으로 판단한다. 필요 없는 지출은 아깝다고 느끼지만, 미래 가치를 만들 지출은 아까워하지 않는다. 가령 비싼 책도 자기 브랜드를 만드는 데 도움이 된다고 판단하면 망설이지 않고 결제한다. 반면, 중요하지 않은 당장의 욕망과 기대 앞에서는 냉정하다.

두려움에 머무는 뇌, 움직이는 뇌

같은 상황을 놓고도 누군가는 "이러다 망하면 어쩌지?"를 먼저 떠올리고, 또 누군가는 "이거 해보면 잘될지도 몰라"를 먼저 상상한다. 이 반응의 차이는 단순한 성격이나 경험의 문제가 아니다. 뇌가 세상을 어떻게 바라보는지를 결정짓는 구조에서 비롯된다.

가난한 뇌는 생존에, 부자 뇌는 기회에 반응한다. 생존의 뇌는 '손해 보지 않기'를 최우선으로 삼고, 기회의 뇌는 '얻어내기'를 핵심으로 작동한다. 하나는 움켜쥐고 버티려 하고, 다른 하나는 움직이며 넓히려 한다.

생존의 뇌는 편도체가 중심을 잡는다. 이 회로는 위험을 빠르게 감지하고, 손실을 피하는 쪽으로 사고를 이끈다. 그래서 새로운 기회가 생겨도 '실패하면 어떡하지'라는 생각이 먼저 떠오르고, 결정은 미뤄지거나 멈춘다. 방어적인 판단은 당장은 안전해 보일 수 있지만, 결국 변화 없는 현재를 반복하게 만든다.

반대로 기회의 뇌는 전전두엽과 도파민 회로가 활발하게 작동한다. 리스크를 감지하되 거기에 눌리지 않고, 감당할 수 있는 방법을 찾으며, 불확실성 속에서도 이익을 예측하려는 방향으로 사고가 움직인다. 똑같은 자극 앞에서도 생존의 뇌는 위험을 확대하고, 기회의 뇌는 가능성을 먼저 본다.

가난한 뇌는 늘 위험을 중심으로 사고하고, 위험을 회피하려 하며, 안전하다고 여겨지는 익숙한 패턴만 반복하려 든다. 하지만 안전만 좇는 삶은 오히려 기회를 놓치게 만들고, 그 기회 상실이 더 큰 위험이 되기도 한다. 반대로 부자 뇌는 위험을 아예 무시하지 않는다. 두려움을 인식하면서도 앞으로 움직인다. 실패를 감수할 줄 알고, 그 안에서 배우며, '지금보다 나은 상태'를 구체적으로 상상하는 힘이 있다. 그것이 새로운 시도를 가능하게 만드는 내면의 회로다.

이 차이는 타고나는 것이 아니다. 반복된 선택이 뇌를 설계하고, 자주 사용하는 회로가 기준이 된다. 위험을 먼저 상상했던 사람은 뇌가 그 방향을 더 빨리 불러오고, 가능성을 먼저 떠올렸던 사람은 기회 쪽 회로가 강화된다. 그래서 생존의 뇌와 기회의 뇌는 현재 상태가 아니라, 내가 반복해 온 판단과 반응의 총합에 가깝다. 뇌는 내가 자주 걷는 방향을 길로 기억하고, 그 길을 계속 넓혀 간다.

기회를 본다는 건 무작정 덤비는 일이 아니다. 두려움과 가능성을 동시에 감지하되, 그럼에도 불구하고 한 발 내디뎌보는 일이다. 생존의 뇌는 실패를 줄이려 하고, 기회의 뇌는 실패 속 의미를 건져 올린다. 가난한 뇌는 '망하지 않을 방법'을 찾지만, 부자 뇌는 '성장할 가능성'을 먼저 계산한다. 결국 삶을 바꾸는 건 지능이 아니라, 감정이 반응하는 방향이다. 뇌는 늘 반응하던 방향으로 움직이려 하므로, 지금 당신의 뇌가 무엇을 먼저 떠올렸는지가 곧 방향을 가늠하는 좌표가 된다.

어떤 일을 해보기로 결심한 한 청년이 있었다. 처음엔 두려움이 앞섰다. "괜히 시작했다가 시간만 버리는 건 아닐까?" 하는 순간 스스로에게 되물었다. "지금 안 하면, 평생 이 질문만 반복하게 되지 않을까?" 그렇게 그는 매일같이 유튜브와 블로그, 책을 찾아보며 배워나갔다. 처음엔 낯설기만 하던 정보가 하나둘 연결되더니, 어느새 자신만의 방식으로 재구성되기 시작했다. 시행착오도 많았지만, 실패는 도망칠 이유가 아니라 방향을 정비하는 계기가 되었다. 그가 처음과 달라진 건 지식이 아니라 뇌의 반응이었다. 이제 그는 불확실한 선택 앞에서도 움츠러들지 않았고, 두려움과 함께 앞으로 나아가는 법을 배웠다. 그 청년의 뇌의 회로는 바로 그렇게 만들어졌다.

부자 뇌의 사령탑, 전전두엽

우리는 하루에도 수십 번 선택한다. 늦잠을 더 잘까, 커피를 마실까 말까, 이번 달엔 절대 옷을 사지 말아야지 하면서도 '신상' 광고를 보는 순간 결제 버튼 앞에서 망설인다. 이 모든 장면에서 조용히 지휘권을 쥐고 있는 곳이 바로 전전두엽이다. 전전두엽은 뇌의 전략실이자 인생의 항로를 조정하는 조종석이다. 감정과 충동이 몰아치는 한복판에서 전전두엽이 얼마나 잘 작동하느냐가 결국 미래의 선택을 결정하고, 미래 자산의 크기를 바꾼다.

가난한 뇌는 감정 회로인 편도체에 자주 주도권을 넘긴다. 즉각적인 자극에 반응하고, '지금 하기 싫다'는 감정에 따라 행동이 좌우된다. 반복될수록 전전두엽은 개입할 틈을 잃고, 뇌는 점점 더 충동적이고 감정 중심적인 회로를 따라가게 된다. 자극에 즉각 반응하는 것은 쉽지만, 그것은 곧 자신을 통제하지 못하는 방향으로 나를 몰아간다. 결국 그 뇌는 지금의 기분에는 민감하지만, 미래의 자신에겐 무심한 구조가 된다.

반면 부자 뇌는 전전두엽이 지휘관 역할을 한다. 이 뇌는 자극을 인식하면서도 곧장 따라가지 않는다. 한 발 물러서서 묻는다. "이 선택이 내일의 나에게 어떤 영향을 줄까?" 그 질문 하나가 행동을 바꾸고, 그 행동이 반복되면 뇌는 감정을 다루는 방식을 바꾸게 된다. 전전두엽은 감정의 소용돌이 속에서도 중심을 잡는 회로이며, 충동을 넘는 사람만이 시간의 복리를 누릴 수 있다. 결국 전전두엽은 단순한 결정센터가 아니라, 자기 설계의 본부다.

이 회로는 타고나는 게 아니다. 반복되는 선택과 훈련으로 길러진다. 단순히 급한 것인가, 필요한 것인가, 중요한 것인가에 대해 3초만 더 생각해보는 습관을 들여라. 무엇이든 바로 반응하지 않고 한 발 늦춰보는 연습, 내일의 내가 고마워할 선택을 상상하는 루틴이 몸에 배게 하라. 전전두엽은 그렇게 강화되고, 강화된 전전두엽은 삶의 항로를 바꾼다. 이 회로가 강해질수록 뇌는 감정이 아니라 목적에 반응하게 되고, 감정도 그 목적 아래 조율되기 시작한다.

스트레스를 다루는 뇌, 휘둘리는 뇌

살아 있는 생명체에게 스트레스는 반드시 존재한다. 살아 있는 순간순간이 스트레스의 연속이다. 아기에게도 스트레스는 있다. 따뜻한 품에 있다가 갑자기 기저귀가 젖거나 배가 고파지는 순간, 세상은 불편하고 낯설어진다. 울음은 그 스트레스를 표현하는 방식이다. 몸이 작고 말은 못 해도, 아기 역시 '삶'이라는 긴장 속에 놓여 있다. 그러니 스트레스가 없다는 건 살아 있지 않다는 말과 같다. 숨을 쉬고, 뭔가를 느끼고, 조금이라도 세상을 인식하고 있다면—그 자체가 이미 작은 몸에도 부담이 되고, 자극이 되고, 결국은 스트레스가 되는 것이다.

결론적으로 스트레스는 삶의 배경음이다. 누구도 완전히 피할 수 없고, 순간순간 밀려온다. 하지만 그것이 당신의 삶을 파괴하는 소음이 될지, 집중을 만들어내는 리듬이 될지는 뇌가 어떻게 반응하느냐에 달려 있다. 같은 스트레스를 두고도 어떤 뇌는 움츠러들고, 어떤 뇌는 기능적으로 작동한다. 만성 스트레스는 가난한 뇌를 고착화시키고, 부자 뇌는 스트레스를 다룰 수 있는 능력을 강화한다. 뇌는 스트레스를 소모하거나, 훈련 도구로 삼는다. 그 차이가 인생을 다르게 만

흐름을 알아야 한다.

가난한 뇌는 스트레스를 위협으로 인식한다. 편도체가 감정 회로를 점령하고, 코르티솔은 뇌 전체에 비상 신호를 보낸다. 그 순간 뇌는 감정의 롤러코스터에 휩쓸리고, 상황은 과장되며, 생각은 흐릿해진다. 문제를 해결하기보단 회피하거나 분노하거나, 결국 더 큰 긴장 속에 갇히게 된다. 이 회로가 반복되면 뇌는 점점 스트레스에 취약한 구조로 굳는다. 자극에 예민해지고, 감정은 더 쉽게 폭주하며, 복잡한 상황일수록 판단 대신 반응에 휘둘린다.

반대로 부자 뇌는 스트레스를 신호로 받아들인다. 전전두엽이 중심을 잡고, 감정의 파동을 낮추며 정보를 분류한다. 스트레스를 '감당 가능한 문제'로 정의하면, 뇌는 통제감을 회복하고, 균형을 되찾는다. 도파민은 동기를 다시 일으키고, 세로토닌은 안정감을 복구한다. 이렇게 뇌는 스트레스를 '다룰 수 있는 경험'으로 저장하고, 다음에 오는 유사 상황에서도 더 빠르고 유연하게 반응하게 된다. 부자 뇌는 스트레스와 싸우지 않는다. 그것을 분석하고 정리하며 스스로를 강화하는 도구로 삼는다.

중요한 건, 스트레스를 없애는 것이 아니다. 어떻게 반응할지를 반복해 훈련하는 것이다. 스트레스를 감정으로만 반응한 뇌는 그 회로가 기본값이 되고, 문제로 접근한 뇌는 처리 능력을 강화하게 된다. 뇌는 자주 쓰는 방향으로 회로를 재구성하고, 그 방향에 따라 감정이 움직이며 행동하게 되며, 인생의 궤적이 서서히 바뀐다. 가난한 뇌는 스트레스에 갇히고, 부자 뇌는 스트레스를 넘는다. 둘 사이의 차이는 자극이 아니라 반복된 반응의 누적이다.

스트레스를 받는 건 문제가 아니다. 스트레스에 매번 똑같이 반응하는 것이 문제다. 뇌는 늘 배우고 있고, 내일도 다시 반응할 것이다. 오늘 당신이 스트레스를 어떻게 다뤘느냐가, 내일 당신 뇌가 어떻게 반응할지를 결정한다.

오늘 한 잔? 10년 후 내 집!

퇴근길, 편의점 앞에서 고민한다. 오늘 하루 고생한 나에게 맥주 한 캔쯤은 괜찮지 않을까. 그러나 마음 한 켠에서는 그 돈을 아껴야 한다는 생각이 밀려오고, 머릿속에는 '10년 후 내 집'이라는 그림이 어렴풋이 떠오른다. 인터넷 포털사이트만 열면 손가락이 움직인다. '와, 이건 너무 싸다. 구입해 놓을까?' ' 예쁜 옷들이 왜 이렇게 많이 나왔지?'라며 참아왔던 욕망이 꿈틀댄다.

누구나 겪는 이 갈등은 단순한 의지력 문제가 아니다. 뇌 안에서는 도파민과 세로토닌이라는 두 신경전달물질이 조용한 전투를 벌이고 있는 것이다. 도파민은 '지금 당장'의 보상에 반응하고, 세로토닌은 '조금 참자'며 미래의 만족을 설계한다. 선택의 순간마다 이 두 물질은 당신의 손을 잡아끌며 방향을 바꾸려 한다.

도파민은 강렬하고 빠르다. 자극이 예고되는 순간부터 뇌는 흥분하고, 실제 보상이 오기 전부터 기분은 이미 올라간다. 그래서 맥주를 마시기 전부터 기분이 풀리고, 쇼핑 결제를 누르기도 전에 마음은 들뜬다. 하지만 이 쾌감은 오래가지 않는다.

도파민은 반복될수록 같은 자극에 둔감해지고, 점점 더 강한 자극을 찾게 되며, 결국 즉각적인 보상에만 예민하게 반응하는 뇌 회로가 만들어진다. 반면 세로토닌은 느리고 은은하다. 감정을 안정시키고, 꾸준한 만족을 가능하게 하며, 장기 목표를 향한 인내심을 키운다. 세로토닌이 잘 작동하는 뇌는 쉽게 흔들리지 않고, 오늘의 불편함을 내일의 성취로 바꿔내는 회로를 갖고 있다.

부자 뇌는 도파민을 억제하지 않는다. 그 힘을 방향 있게 쓰되, 세로토닌을 중심축 삼아서 균형을 유지한다. 순간의 유혹을 무조건 부정하는 것이 아니라, 즐길 때와 참을 때를 구분할 줄 아는 판단력이 있는 것이다. 오늘의 한 잔을 미룬 선택은 내일의 잔고가 되고, 그 잔고가 쌓이면 내 집이라는 현실로 이어진다는 걸 계산한다. 도파민은 보상의 불꽃을 피우는 에너지이고, 세로토닌은 그 불꽃이 꺼지지 않도록 붙잡아주는 심지다. 이 둘을 조율할 줄 아는 사람은 쾌락과 성취, 현재와 미래를 동시에 품을 수 있다.

지금 맥주 한 캔 혹은 예쁜 옷 한 벌이 떠오른다면, 도파민이 당신의 팔을 잡아끌려고 하는 것이다. 바로 그 순간, '이걸 참으면 나는 무엇을 얻게 될까'를 떠올릴 수 있다면, 세로토닌은 이미 깨어 있는 것이다.

선택은 반복을 통해 습관이 되고, 습관은 뇌 회로가 되며, 그 회로가 인생의 방향을 결정한다. 순간을 따르느냐, 미래를 설계하느냐는 결국 뇌 안의 화학물질에 끌려가느냐, 끌어당기느냐의 차이다. 부자 뇌는 도파민과 세로토닌을 대결시키지 않는다. 그 둘을 조율하며 한 방향으로 걷게 만든다. 오늘의 작은 선택이 내일의 큰 구조를 바꾼다는 사실을 안다면, 한 캔의 맥주 앞에서 인터넷 쇼핑몰 앞에서의 망설임이 더 이상 가벼워 보이지만은 않을 것이다.

리스크, 피할 것인가 해체할 것인가

누구나 위험을 마주한다. 하지만 똑같은 리스크 앞에서 누군가는 한 발 물러서고, 또 누군가는 한 발 앞으로 내딛는다. 이 차이는 단순히 성격이나 용기의 문제가 아니다. 뇌가 리스크에 반응하도록 훈련된 방식이 다르기 때문이다. 가난한 뇌는 위협을 피하려 하고, 부자 뇌는 그 위협을 이해하고 다뤄보려 한다. 도망치느냐, 들여다보느냐, 뇌는 늘 그 두 갈래에서 반응을 선택한다.

가난한 뇌는 편도체가 주도권을 쥔다. 편도체는 손실, 실패, 낯선 상황에 민감하게 반응하고, 위험 신호가 포착되면 뇌 전체에 '물러나라'는 지시를 내린다. 그 순간 행동은 멈추고, 마음은 불안과 회피 쪽으로 기울어버린다. 이 회로가 반복되면 리스크는 더 이상 가능성이 아닌 '회피해야 할 공포'로 각인되고, 선택은 점점 제한되기 시작한다.

반면, 부자 뇌는 전전두엽이 중심을 잡는다. 전전두엽은 리스크를 구성요소로 나눠보고, 실제로 감당 가능한지 계산하며, 어떤 선택이 가능한지 파악한다. 감정의 흔들림보다 정보의 구조를 먼저 본다는 점에서, 반응의 깊이와 방향이 다르다.

회피 중심의 뇌는 불확실성 그 자체를 위험으로 간주하며, 아무것도 하지 않는 상태를 가장 안전한 선택이라 여긴다. 하지만 그 안전함은 결국 아무것도 바꾸지 못한 채 반복되는 삶으로 이어진다. 가난한 뇌의 특징이 된다.

반대로 부자 뇌는 불확실성 안에서 기회의 구조를 찾는다. 위험을 감수하되, 무작정 덤비지 않고, 위험을 구성요소로 쪼개 전략적으로 접근한다. 부자 뇌의 핵심은 무모한 용기가 아니라, 정보 중심의 냉정한 분석과 실행력이다.

문제는 뇌가 늘 반복된 반응을 기준으로 삼는다는 데 있다. 회피만 반복된 사람의 뇌는 리스크 앞에서 자동적으로 도망가는 회로를 택하게 되고, 분석하고 시도한 기억이 없는 뇌는 '도전'을 낯설고 두려운 감정으로 받아들이게 된다.

하지만 정보를 수집하고 도전해본 경험이 누적된 뇌는 감정이 아닌 전략에 반응하고, 불안보다는 실행의 타이밍에 집중한다. 이 구조는 타고나는 것이 아니라, 반복된 반응의 누적이 만들어낸다.

결국 중요한 건, 얼마나 위험하냐가 아니라 그 위험을 '다뤄본 적이 있느냐'는 경험이다. 두려움을 피한 뇌는 다시 두려움에 민감해지고, 두려움을 마주해본 뇌는 그 기억을 자산처럼 꺼내 쓸 수 있게 된다. 부자 뇌는 리스크를 외면하지 않는다. 오히려 분석하고, 계산하며, 필요하면 감당해낸다.

리스크는 누구에게나 찾아오지만, 피하는 뇌는 더 많은 기회를 놓치고, 마주한 뇌는 그 안에서 길을 만들어낸다. 결국 뇌는 지금껏 당신이 반복해온 방향으로 반응할 뿐이다.

부자 뇌는 실패 후 회복회로를 켠다

실패는 누구에게나 온다. 하지만 그다음에 누가 다시 일어서는 가는, 성격이 아니라 뇌가 결정한다. 어떤 뇌는 같은 실수 앞에서 주저앉고, 어떤 뇌는 그것을 디딤돌 삼아 한 발 더 나아간다. 차이는 의지의 세기보다는, 실패에 반응하는 뇌의 회로에 달려 있다.

뇌는 실패라는 사건보다, 그 뒤에 따라온 감정과 해석을 더 강렬하게 저장한다. 시험을 망친 날보다, 그날 느꼈던 수치심과 무력감이 오래 남고, 돈을 잃은 순간보다도 "나는 왜 늘 이럴까"라는 자책이 뇌에 깊게 새겨진다. 뇌는 정보를 감정보다 짧게 기억하고, 감정은 반복될수록 회로로 굳어진다.

특히 실패 직후에는 편도체가 먼저 깨어난다. 이 회로는 공포를 감지하고, 감정을 증폭시키며, 실행은 멈춘다. 실패를 단순한 사건이 아닌 위험 신호로 받아들이는 것이다. 반복될수록 뇌는 '실패=위험'이라는 회로를 자동 호출하고, 감정은 경험보다 앞서 결론을 내리기 시작한다. "하지 마, 또 망할 거야." 이렇게 뇌는 우리를 멈추게 한다.

하지만 부자 뇌는 여기서 잠깐 멈춘다. 전전두엽이 개입할 틈을 만들고, 감정과 반응 사이에 질문 하나를 집어넣는다.

"이건 실패인가, 아니면 정보인가?"

"지금 내가 느끼는 감정은 뭘까?"

"다시 하면 어떻게 달라질 수 있을까?"

이 질문들은 뇌의 '생존 모드'를 끄고, '판단 회로'를 켠다. 회복탄력성이란 고통을 피하는 기술이 아니라, 고통을 구조화하고 해석하는 능력이다.

회복 회로를 만들기 위해 대단한 의지력이 필요한 건 아니다. 단지 작고 반복되는 몇 가지 루틴이면 된다.

첫째, 감정에 이름 붙이기.

"나는 지금 실망했고, 혼란스럽고, 조금 화가 난 것 같아."

뇌는 언어화된 감정을 비로소 처리 가능한 정보로 인식한다.

둘째, 멈춤을 선언하기.

"지금은 바로 반응하지 말자."

이 단 3초의 멈춤이 편도체의 스위치를 끄고, 전전두엽의 문을 연다.

셋째, 회복을 상상하기.

"이번엔 다르게 해볼 수 있지 않을까?"

이 말 한마디가 도파민 회로를 다시 작동시키고, 실행 가능성을 회복시킨다.

중요한 건, 실패의 크기가 아니다.

그 실패 후, 내가 뇌에 어떤 문장을 반복시켰는가다.

"망했다"가 아닌 "이건 기록이야", "나는 역시 안돼"가 아닌 "아직 회로가 덜 만들어졌을 뿐이야".

이런 문장들이 쌓일수록, 뇌는 감정보다 판단에 반응하는 구조로 바뀐다는 걸 명심하라.

실패는 지나간다. 하지만 그 뒤의 감정을 반복하면, 뇌는 그것을 삶의 방식으로 저장한다.

실패를 줄이려 애쓸 필요는 없다. 대신, 실패 후에 내 뇌가 반복하게 될 문장을 미리 설계하라.

그것이 회복 탄력성의 진짜 본질이다.

그래서 어른들은 예전부터, "사소한 말 한 마디라도 함부로 하지 마"라고 했던 것이다.

감정에 반응하되, 감정에 지지 않는 뇌

기회는 종종 위기의 얼굴을 하고 나타난다. 누군가는 그 얼굴을 피하고, 또 누군가는 그 얼굴에 끌린다. 이 차이는 단순한 성격이나 용기의 문제가 아니라, 뇌가 자극에 반응하는 방식에서 비롯된다. 우리 뇌는 위험을 감지하는 회로와 보상을 추구하는 회로를 동시에 갖고 있으며, 이 둘은 늘 팽팽한 줄다리기를 하고 있다. 편도체는 손해와 불안을 탐지하는 감정의 센서이고, 도파민 회로는 보상과 기대에 반응하는 동기의 회로다. 같은 상황에서도 어느 쪽 회로가 더 먼저 반응하느냐에 따라 행동은 전혀 다른 방향으로 흘러 간다.

편도체가 먼저 작동하는 사람은 불확실성 앞에서 긴장하고, 실패를 떠올리며, 손해를 크게 상상하는 경향이 있다. 리스크를 줄이기 위해 시도를 미루고, 결과가 보장되지 않으면 시작조차 하지 않으려 한다. 그들에게는 '지금보다 나빠질지도 모른다'는 상상이 너무나 현실적으로 느껴진다. 반면 도파민 회로가 활발한 사람은 가능성에 먼지 반응하고, 아직 얻지 못한 것을 떠올리며 가슴이 뛴다. 그들은 실패를 인식하되, 그것에 짓눌리지 않으며, 손해보다 기회에 집중하는 훈련이 되어 있다. '해보지 않으면 아무 일도 생기지 않는다'는 감각이 행동을 밀어준다.

부자 뇌는 리스크를 무시하는 뇌가 아니라, 리스크를 인식하되 거기에 머물지 않는 뇌다. 위험을 감지하고도 앞으로 나아가는 회로는 타고나는 것이 아니라 훈련으로 만들어진다. 뇌는 반복된 반응을 기준점으로 학습하며, 늘 피하던 사람이 피하는 쪽으로만 익숙해지듯, 한 번 도전했던 사람은 다음에도 도전하는 쪽을 더 쉽게 선택하게 된다.

편도체를 자주 쓰면 두려움 회로가 강화되고, 도파민 회로를 자주 쓰면 기대와 추진의 회로가 확장된다. 즉 뇌는 우리가 자주 사용하는 감정에 맞춰 스스로 구조를 바꾼다. 다음 기회 앞에서도 '혹시나 망하면'이라는 생각이 먼저 떠오른다면, 그것은 당신의 편도체가 경고를 보내는 것이다. 하지만 그 경고음을 들으면서도 한 발 내디딜 수 있다면, 그 순간부터 뇌는 '움직일 수 있는 사람'의 회로를 기억하게 된다. 감정에 반응하되 감정에 지지 않는 뇌, 그것이야말로 부자 뇌의 시작이다.

기회는 항상 위험을 동반하지만, 그 위험을 감내하는 쪽으로 반응하는 뇌를 가진 사람만이 실제 결과를 바꿀 수 있다.

부자 뇌는 리듬을 탄다

우리는 하루를 살아간다. 하지만 뇌는 그 하루를 저장하고, 설계하고, 회로로 굳힌다. 눈을 뜬 순간부터 잠들기 직전까지, 어떤 자극을 어떤 순서로 반복했는지를 뇌는 고스란히 회로로 바꾼다. 그래서 회로는 결심으로 만들어지지 않는다. 회로는 하루의 구조, 하루라는 리듬 위에서만 만들어진다.

생각과 판단의 사령탑인 전전두엽의 회로가 제대로 작동하려면, 리듬이 필요하다. 같은 시간에 일어나고, 같은 루틴으로 하루를 시작하고, 일정한 자극과 감정의 흐름이 유지될 때, 뇌는 그 안정된 패턴 속에서 회로를 만들기 시작한다. 결국 '회로는 반복으로 만들어진다'는 말은, 반복은 리듬 안에서만 작동할 수 있다는 뜻이다.

아침이 무너지면 하루가 무너진다. 햇빛이 얼굴에 닿는 순간, 세로토닌 분비가 시작되고, 몸이 움직이면서 전전두엽이 깨어난다. 물 한 잔, 짧은 스트레칭, 그리고 오늘 해야 할 일 하나를 떠올리는 딱 10분. 이 짧은 루틴이 뇌에게 "이제 생각할 시간이야"라는 신호를 준다. 반대로 침대 위에서 휴대폰을 들여다보며 시작된 하루는 뇌를 곧바로 감정 회로로 밀어 넣는다. 판단은 뒤로 밀리고, 반응이 우선되며, 하루는 감정의 흐름 속에 흘러 간다.

오후가 되면 집중의 에너지는 꺾이고, 감정 회로가 더 쉽게 활성화된다. 이때가 뇌가 가장 흔들리는 시간이다. 점심 후의 느슨함, 예고 없이 밀려드는 감정, 정리되지 않은 정보… 전두엽은 피곤해지고, 편도체가 다시 전면으로 나선다.

하지만 여기서 짧은 감정 체크인 하나, 산책 10분, 종이에 쓰는 생각 정리 한 줄이 들어오면 뇌는 다시 중심을 잡는다. 이 짧은 루틴이 감정을 정돈하고 판단을 회복시키는 회로를 만든다.

저녁은 뇌의 정리 시간이다. 해마는 그날의 자극을 분류하고, 편도체는 감정을 줄이고, 전전두엽은 의미 있는 정보만 남기려 한다. 이때 마지막 10분의 루틴, 예를 들어 오늘 잘한 일 한 가지, 내일 기대되는 일 한 문장, 그리고 짧은 명상이나 조용한 음악이 반복되면, 뇌는 하루를 '닫을 수 있는 사람'이라는 정체성으로 나를 기억한다. 회로는 감정보다 정리된 흐름을 기준으로 작동한다.

가난한 뇌는 리듬 없이 반응한다. 자고 싶은 만큼 자고, 생각나는 대로 움직이며, 기분나는 대로 소비하고, 피곤하면 아무 말 없이 하루를 마친다. 이 무질서한 반복은 뇌에게 "이게 우리의 기본값이야"라는 회로를 남긴다. 반면, 부자 뇌는 작지만 일관된 구조로 뇌를 정렬한다. 시작은 리듬이고, 그 리듬이 구조가 되고, 구조가 회로를 만든다.

결국 뇌는 매일 어떤 흐름 안에서 살아갔는지를 기준으로 나를 기억한다. 뇌는 기억보다 반복을 신뢰하고, 감정보다 구조를 따라가며, 자극보다 리듬을 회로화한다. 오늘 하루, 당신은 어떤 리듬으로 살았는가? 시작이 흐릿했는가, 마무리가 흩어졌는가, 아니면 그 사이 어딘가에서 판단을 되찾았는가?

부자 뇌는 감정 없이 사는 뇌가 아니다. 감정 속에서도 리듬을 잃지 않는 뇌, 흐름을 의식하며 구조를 다시 세울 줄 아는 뇌다. 결국 뇌가 반복할 수 있는 환경을 만들기 위해 우리가 해야 할 일은 단 하나, 하루를 설계하는 일이다.

가난한 뇌는 기회를 앞에 두고도
다음을 기다린다.
실패에 대한 두려움, 결과에 대한 불안,
완벽하지 않으면 시작할 수 없다는
생각들이 시도보다 정지를 먼저 호출한다.
겉으로는 신중함처럼 보이지만,
실제로는 감정 회피 회로가
뇌에서 빠르게 작동한 결과다.
이런 구조가 반복되면
뇌는 점점 시도보다
회피를 기본 반응으로 기억하게 된다.

chapter 2

가난한 뇌의 특징

감정에 휘둘리고, 미루고, 도망치고

가난한 뇌는 감정에 휘둘린다

기억은 흐릿해질 수 있지만, 감정은 뇌에 남는다. 어릴 적 누군가에게 혼났던 장면은 가물가물하지만, 그때의 수치심은 지금도 분명하게 살아 있다. 어떤 말이 상처였는지는 잊었지만, 그 말이 남긴 불편한 감정은 여전히 내 반응 안에 숨어 있다. 뇌는 사건보다 감정을 더 빠르게 저장하고, 감정이 반복되면 그 반응을 고정된 회로로 만든다. 그래서 우리가 성격이라고 믿는 많은 행동 양식은, 사실은 반복된 감정의 회로에서 비롯된 것이다.

어느 회사원 A씨는 팀 회의가 두렵다. 회의실에 들어가기 전부터 심장이 뛰고, 어떤 말이든 꺼내려 하면 머릿속이 하얘진다. 상사는 그런 A씨를 보며 "왜 이렇게 자신이 없어?", "말 좀 시원시원하게 해봐"라고 말하지만, 그 말조차 더 큰 부담이 되어 A씨는 점점 더 움츠러든다.

A씨는 그 회의가 두려운 게 아니다. 어릴 적 발표 시간마다 친구들 앞에서 틀린 답을 말해 놀림을 받았던 기억, 엄마에게 혼나며 "왜 이렇게 말이 느리냐"는 핀잔을 반복적으로 들었던 감정이 회로처럼 뇌에 남아 있는 것이다. 당시의 사건은 흐릿해졌지만, '말하는 순간 나는 틀

릴 것이다', '나는 잘못할 것이다'라는 감정이 자동 반응처럼 호출되고 있는 것이다.

지금 A씨의 반응은 현재의 평가가 아니라, 과거 감정의 복사본인 셈이다. 그리고 이 감정이 회로로 굳어지면, 새로운 도전 앞에서도 '나는 아닌 것 같아'라는 판단이 먼저 작동하게 된다. 문제는 그 감정이 진짜인지가 아니라, 뇌가 그것을 얼마나 반복했느냐다. 감정이 반복되면 뇌는 그것을 성격처럼 고정하고, 그 패턴에 맞춰 행동을 유도한다.

뇌는 발달 초기일수록 감정에 더 강하게 반응한다. 특히 유년기, 즉 뇌가 급속도로 성장하면서도 외부 자극에 가장 민감한 시기에 경험한 감정은 편도체와 해마를 중심으로 깊이 각인된다. 편도체는 감정의 위협을 빠르게 포착하고, 해마는 그 감정을 장면과 연결 지어 저장하며, 전전두엽은 감정을 조절하고 판단하려 하지만, 강한 감정 자극이 반복되면 전전두엽은 개입할 여지를 잃게 된다. 감정 회로가 우선권을 가지면 뇌는 판단보다 반응을 먼저 실행하게 되고, 그렇게 형성된 감정 회로는 이후 삶의 대부분에서 무의식적 자동 반응처럼 작동한다.

예를 들어 자주 "그것도 못 하냐", "넌 왜 이렇게 느리냐"는 말을 들으며 자란 아이는 자신을 '부족한 존재'로 인식하는 감정을 수백 번 반복하게 된다. 그 말 자체는 잊혀져도, '나는 부족하나'는 느낌은 회로처럼 뇌에 새겨진다. 시간이 지나 어른이 된 뒤에도, 새로운 기회를 마주할 때마다 그 회로가 먼저 반응하고, 가능성보다 위험을 먼저 계산하며, 도전보다 자기 검열을 먼저 시작하게 된다. 과거는 지나갔지만, 그 감정은 반응의 기본값이 되어 남아 있는 것이다.

사랑받지 못했다는 결핍의 기억도 마찬가지다. 충분히 지지받지 못하고, 보호받지 못하고, 타인에게 우선순위가 아니었다는 감정은 뇌에 '나는 기대하지 말아야 할 사람'이라는 회로를 만든다. 이 회로는 자기 신뢰를 약화시키고, 인간관계를 방어적으로 만들며, 돈이나 성공과 같은 자원에 대해서도 '나는 누릴 수 없는 것'이라는 판단을 선행하게 만든다. 이 판단은 감정 기반의 예측에서 비롯되며, 뇌는 그것을 반복된 정서 패턴으로 받아들이고, 회로로 고착시킨다. 이런 회로는 한두 번의 충격으로 생기는 게 아니다. 매일 같은 말투, 같은 표정, 같은 분위기 속에서 감정은 서서히 신경망에 새겨진다. 중요한 건 그 감정이 사실이었는지가 아니다. 뇌는 진실 여부보다 얼마나 자주 반복되었느냐에 반응하고, 강도보다는 빈도에 따라 구조를 만든다. 그래서 감정은 사라져도, 감정이 지나간 경로는 뇌 안에 흔적으로 남고, 그 흔적은 오늘의 선택에 조용히 작용한다.

뇌는 고착된 기관이 아니다. 회로는 쓰는 대로 변하며, 자주 호출되는 감정과 생각이 뇌 구조를 바꾼다. 바꿔야 할 건 과거가 아니라, 그 과거가 남긴 감정에 반응하는 나의 회로다.

'나는 왜 이 상황에서 반복적으로 움츠러드는가?', '이 감정은 지금 필요한 반응인가, 예전 감정의 복사본인가?'라는 질문은 뇌에게 전전두엽을 호출하라는 신호가 된다. 이 질문이 반복되면 뇌는 자동 반응보다 판단에 더 빨리 연결되고, 감정은 중심이 아닌 참고자료로 정리되기 시작한다.

지금 내가 자주 반응하는 감정이, 진짜 나의 성향이 아닐 수 있다. 그건 반복된 감정의 흔적일 뿐이며, 충분히 다시 써질 수 있다. 과거의 감정은 기억일 뿐이고, 그 기억은 선택의 근거가 아니라, 넘어설 수 있는 기반이 될 수 있다. 뇌는 감정의 연습을 통해 길들이나, 감정의 방향을 바꾸는 연습을 통해 다시 길들일 수 있기 때문이다.

기회를 미루는 뇌, '다음에'라는 회로

내일, 다음에, 나중에… 살면서 이런 말을 너무 자주 쓰고 있는 사람들? 이 글이 습관을 바꾸는데 크게 기여했으면 좋겠다.

누구나 한 번쯤, 아니 매일, 해야 할 일은 눈앞에 있고, 기회도 지금인데, 몸은 움직이지 않는다는 걸 느낄 때가 있을 것이다. 마음은 간절하지만 손은 멈춰 있고, 생각은 앞서지만 행동은 뒷걸음질치게 된다. 그럴 때 사람들은 이렇게 자기를 합리화한다. "지금은 타이밍이 아니야", "다음에 제대로 준비해서 시작할 거야." 그런데 그 '다음'은 오지 않고, '지금'은 또 지나간다.

이것은 단순한 미루기의 문제가 아니다. 반복된 감정 반응이 뇌 속에 정지 회로를 만든 결과다. 뇌는 자주 반복한 감정을 구조화하고, 그 구조는 나를 '기다리는 사람'으로 정의하게 되는 것이다.

가난한 뇌는 기회를 앞에 두고도 다음을 기다린다. 실패에 대한 두려움, 결과에 대한 불안, 완벽하지 않으면 시작할 수 없다는 생각들이 시도보다 정지를 먼저 호출한다. 겉으로는 신중함처럼 보이지만, 실제로는 감정 회피 회로가 뇌에서 빠르게 작동한 결과다.

편도체는 불확실성을 경계하며 감정적으로 "지금은 아니다"라고 먼저 반응하고, 전전두엽은 그 반응을 분석하고 조절할 시간을 갖지 못한다. 이런 구조가 반복되면 뇌는 점점 시도보다 회피를 기본 반응으로 기억하게 된다.

이 회피는 늘 멋진 말로 포장이 된다. "내가 준비되면", "상황이 좀 정리되면", "지금보다 여유로울 때"라는 말은 얼핏 전략처럼 들리지만, 실제로는 감정을 눌러 앉히려는 안전장치일 뿐이다.

뇌는 상상을 기록하지 않고, 행동만을 기억한다. 생각만 하고 지나친 기회가 많아질수록 뇌는 점점 '실행은 나와 상관없는 일'로 여겨지게 되고, 그 패턴은 결국 기회를 포착할 수 없는 사람처럼 자신을 설정하게 된다. 자기효능감이 낮은 사람일수록 이 회로는 더 빠르고 자주 작동한다.

"지금 해봤자 소용없다"는 말은 실패를 피하는 전략처럼 보이지만, 실은 실패 이후의 감정을 피하려는 뇌의 회피 반응이다. 그 감정이 반복되면, 시도 자체가 감정적으로 부담스러워지고, 뇌는 아예 계산조차 하지 않게 된다. 이런 회로는 시도하지 않아서 실패하지 않겠다는 방어가 아니라, '정지 자체가 안전하다'고 믿는 구조로 작동하게 된다. 결국 생각은 많지만 실행은 적고, 시도는 적지만 후회는 많아진다.

그렇다면 이 회로는 어떻게 바꿔야 할까.

첫째, 회피의 언어를 자각해야 한다. '지금은 아니야', '나중에', '준비되면'이라는 말이 판단인지 회피인지 뇌 안에서 스스로 물어야 한다.

둘째, 지금 바로 10분 안에 할 수 있는 행동 하나를 실행해 본다. 손에 잡히는 책을 펴보거나, 써야 할 문장을 한 줄 적거나, 해야 할 일의 제목이라도 문서에 적어보는 것이다. 사소하지만 이 작은 움직임은 뇌에게 '지금도 시작할 수 있다'는 회로를 다시 기억하게 만든다.

셋째, 그 행동 이후의 감정을 스스로 인식하는 것이다. 기다림보다 움직임이 더 개운했다는 경험이 반복되면, 뇌는 정지보다 실행을 먼저 호출하게 된다.

계속 강조하지만 기다림은 습관이고, 습관은 회로다. 그리고 회로는 결국 나를 규정한다. "나는 준비가 오래 걸리는 사람이야", "나는 계획을 오래 세워야 안심이 돼"라는 말은 감정의 설명이 아니라, 뇌가 반복한 회피의 결과일 수 있다. 하지만 뇌는 정지된 방향으로만 작동하지 않는다. 한 번이라도 움직인 사람의 회로는 바뀌기 시작하고, 반복된 실행이 정지의 회로를 밀어내기 시작한다.

뇌는 결심을 기억하지 않는다. 반복된 행동을 기억하고, 움직인 방향을 강화한다. 기다림은 생각보다 더 중독성이 강한 안전지대일 수 있다. 하지만 그 안전은 발전 없는 정체이며, 정체는 결국 후회로 이어진다. 기회는 늘 지금이고, 뇌는 지금 한 번 움직였다는 사실 하나로도 새로운 회로를 다시 쓰기 시작한다. 기다림을 끝내는 가장 좋은 순간은, 바로 지금이다.

나는 원래 그런 사람이야

"나는 돈에 약해". 이 말은 단순한 생각이 아니라 뇌가 따라야 할 스크립트다. 우리는 자신을 설명할 때 쓰는 말을 가볍게 넘기지만, 뇌는 그 말을 기억하고, 행동의 기준으로 삼는다. 자기 이미지란 말의 습관이 아니라 뇌의 회로다. 뇌는 반복되는 문장에 반응하고, 반복되는 감정에 길을 낸다.

"나는 원래 안 돼", "나는 실수투성이야", "나는 숫자를 잘 못 다뤄" 같은 말들은 그 자체로 하나의 정체성 명령문이 된다. 이 말들이 반복되고, 불안이나 수치심 같은 강한 감정과 연결되면, 뇌는 그 신념을 회로로 고정한다. 그렇게 만들어진 회로는 이후의 모든 자극을 거기 맞춰 해석한다. 그래서 실제 능력보다 자신의 이미지가 행동을 먼저 결정하는 이유가 여기에 있다.

이 회로는 정직하게 반응한다. 돈을 다뤄야 하는 상황이 오면, 뇌는 먼저 그 회로를 켠다. 그리고 생각보다 빨리 포기하게 만들고, 계산을 피하게 하고, 실수할 만한 선택을 하게 만든다. 능력이 부족한 게 아니라, 이미지에 어긋나는 행동을 뇌가 불편하게 여기기 때문이다. 뇌는 자기 모순을 싫어하고, 정체성에 충실하려고 한다.

더 무서운 건, 이 회로가 자기실현적으로 작동한다는 점이다. '난 못 해' → 회피 → 실수 → 역시 '난 못 해' → 회로 강화. 이 고리는 너무 자연스럽게 반복되어서 마치 객관적 진실처럼 느껴진다. 하지만 그것은 진실이 아니라, 뇌가 편집한 과거의 합성본이다. 우리는 능력이 아니라 회로에 의해 실패할 때가 더 많다.

말로 회로를 바꾸는 건 어렵다. 뇌는 말보다 경험을 오래 기억하기 때문이다. 아무리 "나는 돈을 잘 다뤄"라고 말해도, 과거의 실패 기억이 감정과 함께 묻혀 있다면 뇌는 그 말보다 오래된 회로를 따른다. 그래서 정체성은 말로 바꾸는 게 아니라, 행동으로 바꾸어야 한다.

단 하루 예산을 지켜낸 경험, 충동구매를 참은 30초, 카드값 고지서를 보고도 회피하지 않은 용기. 이런 작고 구체적인 행동들이 새로운 회로의 시작점이다. 여기에 감정을 얹는 것이 핵심이다. "오늘은 잘했어", "지금 이걸 했다는 게 대단한 거야" 같은 짧은 자기 피드백이 도파민 보상으로 연결된다. 뇌는 감정이 붙은 경험을 더 깊이 저장한다.

부자 뇌는 기술이 아니라 이미지가 다르다. "나는 잘해"가 아니라 "나는 할 수 있다고 믿는 중"이라는 태도를 지닌다. 반면, 가난한 뇌는 "나는 원래 안 되는 사람"이라는 회로를 따라 스스로 실패할 자리를 마련한다. 그리고 실패는 정체성을 또 강화한다. 뇌는 행동보다 이미지를 먼저 따른다.

결국 진짜 변화는 '나는 어떤 사람인가'라는 문장을 고쳐 쓰는 데서 시작된다. "나는 돈을 못 다뤄"가 아니라 "나는 돈을 조금씩 이해하는 중이야"라는 말. 그 말이 행동과 연결되고, 감정과 연결될 때, 뇌는 새로운 회로를 만든다. 정체성은 고정된 성격이 아니라, 뇌가 가장 자주 틀어놓은 채널인 셈이다. 그 채널은 언제든 다시 설정할 수 있다.

뇌는 감정을 회로에 새긴다

상처는 마음에만 남는 것이 아니다. 뇌에도 남는다. 불안이 자주 찾아온 뇌, 트라우마를 겪은 뇌, 스스로에게 거친 말을 반복해온 뇌는 그 감정을 회로처럼 새긴다. 뇌는 감정을 그냥 스쳐가는 기분으로 처리하지 않는다. 감정은 하나의 자극이고, 반복된 자극은 신경의 흐름을 바꾸며 회로를 만든다. 그래서 불안과 트라우마, 부정적인 자기 대화는 단순한 감정이 아니라 뇌의 구조를 변형시키는 신호가 된다.

감정을 저장하고 재생하는 중심은 편도체의 역할이다. 편도체는 위협을 빠르게 감지하고, 위험을 반복 학습하며, 비슷한 상황이 오면 먼저 반응한다. 해마는 그 감정과 결합된 기억을 장면처럼 저장하고, 전전두엽은 그 반응을 조절하고 다듬는 역할을 한다. 하지만 트라우마가 강하게 각인되면 편도체는 과잉 반응을 보이고, 해마는 비슷한 상황을 계속 떠올리며, 전전두엽은 조용해진다. 이 구조가 굳어지면 뇌는 현재의 상황을 있는 그대로 보지 못하고, 과거의 감정에 기대어 해석하게 된다. 결국 불안을 자주 겪은 뇌는 현실보다 상처를 먼저 떠올리고, 가능성보다 위협을 먼저 반응하게 된다.

여기에 부정적인 자기 대화가 더해지면 회로는 더 깊게 파인다. "내가 뭘 해도 안 될 거야"라는 말은 단순한 생각이 아니라 뇌에 각인되는 자기 정의에 가깝다. 뇌는 자주 들은 말을 신호로 인식하고, 그 신호에 맞춰 행동과 판단을 정렬하기 시작한다. 이 회로가 강화되면 뇌는 좋은 가능성보다 익숙한 실패를 먼저 떠올리고, 변화보다 회피, 선택보다 자기 검열을 반복하게 된다. 결국 뇌는 불안을 기반으로 살아가는 회로를 기본값처럼 기억하게 된다.

하지만 뇌는 고정된 구조가 아니다. 감정이 회로가 되듯, 회복도 회로가 될 수 있다. 가장 먼저 필요한 건 지금 내가 어떤 감정을 반복하고 있는지, 어떤 말을 내 안에서 되풀이하고 있는지를 알아차리는 일이다. "지금은 다를 수 있다", "나는 다시 시도할 수 있다"는 말은 처음에는 어색하지만, 반복되면 전전두엽이 개입하고 뇌는 감정보다 판단에 반응하는 구조로 돌아서게 된다. 작은 문장 하나가 뇌 회로를 다시 그리는 출발점이 될 수 있다.

뇌는 당신이 반복한 감정의 언어를 기억하고, 그 언어의 패턴대로 반응한다. 지금 당신 안에서 울리고 있는 목소리가 "넌 안 돼"였다면, 뇌는 그 말에 맞춰 세상을 해석해온 것이다. 하지만 이제 "이번엔 달라질 수 있어"라는 말이 반복된다면, 뇌는 그 회로 또한 기억하게 된다. 회로가 바뀌면 생각이 달라지고, 생각이 달라지면 선택지가 바뀌고, 선택지가 달라지면 삶도 다르게 반응하기 시작한다.

뇌는 다시 태어날 수 있다

"나는 왜 이렇게 안 바뀔까." 누구나 마음속으로 한 번쯤 이렇게 중얼거린다. 반복되는 후회, 익숙한 무기력, 똑같은 회피. 나를 바꾸고 싶다는 마음은 굴뚝같지만, 결과는 늘 제자리라는 좌절이 남는다. 그럴 때 우리는 이렇게 결론 내린다. "나는 그냥 원래 이런 사람이야." 그리고 그 말은 하나의 회로가 되어 뇌에 남는다.

하지만 뇌는 그렇게 만들어지지 않았다. 뇌는 고정된 돌덩이가 아니라, 유연하고 적응 가능한 살아 있는 구조다. 생각과 감정, 행동이 반복되면 뇌는 그 경로를 회로로 굳히고, 그 회로가 곧 '나'가 된다. 이걸 과학은 '신경가소성'이라 부른다. 뇌는 새로 태어날 수 있다. 단지 우리가 새롭게 반복할 수 있다면.

신경가소성은 단지 공부를 잘하게 해주는 기능이 아니다. 그것은 후회를 줄이고, 자존감을 다시 쓰고, 실패한 정체성을 덮어 쓸 수 있게 해주는 뇌의 회복성이다. 오래된 감정이 습관이 되고, 오래된 습관이 정체성이 될 때, 뇌는 그것을 하나의 고속도로처럼 여긴다. 그 고속도로는 빠르지만, 방향은 늘 같고, 경로는 제한적이다. 새로운 회로는 처음엔 낯설고 느리지만, 조금씩 자주 사용할수록 넓어지고 익숙해진다.

뇌는 감정보다 행동을, 의도보다 반복을 더 강하게 기억한다. 아무리 마음을 다잡아도 하루가 지나면 무너지는 이유는, 결심은 감정이지만 회로는 구조이기 때문이다. 10분 걷기, 짧은 호흡, 한 줄 일기, 두 모금의 물 같은 사소한 행동이 회로를 다시 설계한다. 뇌는 작은 반복을 통해 나를 다시 그려간다.

익숙한 회로에서 벗어날 때 뇌는 처음엔 저항한다. 그 저항은 의지 부족이 아니라, 뇌가 새로운 회로에 에너지를 더 많이 쓰기 때문이다. 불편하고 피곤한 느낌은 실패가 아니라 회로가 새롭게 만들어지고 있다는 신호다. 그래서 변화의 초반엔 종종 의욕이 아니라 혼란이 온다. 그것을 견뎌야 새 회로는 살아남는다.

신경가소성이 말해주는 희망은 추상적인 위로가 아니다. 뇌는 환경에 따라, 반복에 따라, 심지어 상상만으로도 구조를 바꾼다. 과거는 기억되지만, 미래는 설계된다. 뇌는 새롭게 입력된 자극에 반응하고, 그것을 기반으로 '가능한 나'를 다시 그린다. 그러니 지금의 나는 어제의 회로였을지 모르지만, 내일의 나는 오늘의 반복으로 쓰일 수 있다.

부자 뇌는 변화의 여지를 믿는 뇌다. 실패했더라도 회복 가능한 구조를 기억하고, 단절 속에서도 새 연결을 시도한다. 반면, 가난한 뇌는 과거의 패턴을 신념처럼 반복하고, 그 회로 속에 갇힌다. "나는 이런 사람"이라는 말은 하나의 느낌이 아니라, 신경 경로의 결정이다. 뇌는 우리가 스스로를 얼마나 자주 그렇게 불렀는지를 기억한다.

　뇌는 자주 쓰는 길을 넓힌다. 그 길이 실패든 회피든, 용기든 상관없다. 그러니 어떤 길을 '반복할 것인가'가 중요하다. 회로는 선택이 아니라 습관이다. 그리고 습관은 오늘 당장, 5분이라도 다른 행동을 해보는 순간부터 바뀌기 시작한다. 희망은 기다림이 아니라 훈련이다. 뇌는 새로워질 준비가 되어 있다. 우리만 그 가능성을 선택하면 된다.

뇌는 묻는 만큼 자란다

뇌는 질문할 때 확장된다. '왜?', '어떻게?', '다른 방법은 없을까?'라는 단순한 물음은, 뇌 회로에 새로운 연결을 만든다. 질문은 사고를 튕겨내고, 낯선 관점을 불러오며, 아직 도달하지 않은 답을 향해 뇌를 움직이게 만든다. 그래서 질문은 단지 궁금증이 아니라, 확장을 위한 자극이다. 뇌는 묻는 만큼 자라고, 멈추는 만큼 닫힌다.

반면, 가난한 뇌는 질문을 하지 않는다. 질문 대신 판단을 내린다. "저 사람은 원래 잘나서 그래", "난 애초에 이런 건 못해", "답은 이미 나왔어." 이런 말들은 겉보기에 확신처럼 보이지만, 사실은 두려움의 방어 기제다. 질문은 불편하고 판단은 편하다. 그래서 뇌는 질문보다 결론에 기대고 싶어 한다. 하지만 그 순간부터 사고는 확장되지 않고, 되감기처럼 반복된다.

판단은 정지의 언어다. 한 번 판단을 내리면, 뇌는 그 결정에 맞는 정보만 수용하고 나머지는 차단한다. "나는 원래 수학에 약해"라고 믿는 뇌는 수학 관련 문제 앞에서 집중력조차 줄인다. 실력이 부족한 게 아니라, 질문하지 않는 상태에서 기회 자체를 제거한 것이다. 뇌는 판단을 유지하기 위해 스스로 확장 가능성을 끊어낸다. '나는 원래 안 돼'라는 회로는 스스로를 보호하는 것처럼 보이지만, 사실은 도전도, 질문도, 가능성도 차단하는 감정 기반의 판단 고착 회로다. 어울릴지 모르겠지만, 자신의 '겸손한 태도'나 '자기 이해'처럼 포장된 이 말은 자신을 멈추게 하고 발전하지 못하게 만드는 일이 될 수 있다.

질문이 없는 뇌는 고립된다. 스스로의 경험과 감정, 신념만을 기준으로 세상을 바라보며, 불편한 정보나 새로운 관점을 본능적으로 밀어낸다. 그렇게 뇌는 점점 단선적 사고로 굳어가고, 결국 질문 없는 뇌는 타인도, 상황도, 자기 자신조차 제대로 보지 못하게 된다.

반대로 부자 뇌는 질문을 습관처럼 품는다.

'왜 저 사람은 저런 반응을 했을까?'

'지금 내가 놓치고 있는 건 없을까?'

'혹시 이 선택 말고 더 나은 길이 있을까?'

이런 질문은 뇌 안에 여백을 만든다. 그 여백은 불안하지만, 동시에 가능성의 출발점이 된다. 질문은 완성된 결론보다 더 멀리 간다. 왜냐하면 질문하는 뇌는 '지금 여기'를 떠나 다른 관점으로 순간 이동하기 때문이다.

질문은 지적인 도전이 아니다. 질문하는 사람은 자신이 틀릴 수도 있다는 가능성을 받아들이는 사람이고, 그렇기에 변화할 수 있는 사람이다. 반면, 자신의 판단에 머무는 사람은 지금의 자신을 고정시키고, 그 고정된 틀 안에서만 살게 된다. 질문은 성장의 회로이고, 판단은 안정을 향한 고립 회로다. 안전한 감옥이기도 하다.

질문은 타인과의 공감으로 문을 여는 길이다. "왜 저렇게 말했을까?", "저 사람은 무슨 감정이었을까?", "내가 보지 못한 건 없을까?"라는 질문이 없다면, 우리는 타인을 해석하는 대신 오해하고, 자기 경험으로 타인을 덮어버린다. 결국 질문이 사라지면 관계도 경직된다. 닫힌 뇌는 타인 앞에서 방어적이 되고, 부드럽게 연결될 수 있는 기회도 사라진다.

질문하는 뇌는 늘 열려 있다. 단정 대신 관찰하고, 이분법 대신 복잡성을 수용한다. 그런 뇌는 낯선 정보 앞에서 움츠리기보다, "더 알아보자"라고 말한다. 그리고 뇌는 그런 태도를 기억한다. 회로는 반복되는 태도에 따라 강화된다. 그래서 질문은 선택이 아니라 훈련이다.

하루 한 번이라도 "그게 정말일까?", "다르게 생각하면 어떨까?", "나는 지금 뭘 놓치고 있지?"라고 묻는다면, 뇌는 같은 자극 앞에서 다른 길을 만들기 시작한다.

가난한 뇌는 답을 먼저 말하고, 부자 뇌는 질문을 남겨둔다. 결국 뇌를 움직이는 건 앎이 아니라, 모름을 인정하는 용기다. 그러니 오늘 하루, 정답을 내기 전에 질문 하나를 남겨보자.

손해를 더 강하게 저장하는 뇌

A씨는 몇 해 전 인터넷 뉴스를 창업했다. 초기에는 자신감이 있었고, 전문뉴스의 특수성과 질 높은 기사 등 인터넷 신문들 사이에 경쟁력이 있었다. 하지만 마케팅 경험이 부족했고, 운영 노하우가 부족해 결국 3년 만에 사업을 접게 되었다. 직원 임금 등 손해를 본 금액도 컸고, 주변의 시선도 따가웠다. 무엇보다 '실패했다'는 감정이 뇌리에 강하게 남았다.

그 이후로 A씨는 어떤 제안에도 쉽게 반응하지 않는다. 친구가 "요즘 이거 유행이야, 너도 한번 해보면 잘할 것 같아"라고 말해도, A씨는 곧바로 말한다.

"아니야, 예전에 해봤는데 안 맞더라. 괜히 또 손해보는 거 아니야?"

사실 지금의 상황은 과거와는 많이 다르다. 필요한 정보를 찾는 능력도 생겼고, 돈을 잃지 않고도 작게 실험해볼 수 있는 방법도 여럿 생겼다. 하지만 A씨의 뇌는 이성적인 계산보다 과거 실패의 감정을 먼저 호출한다. 뇌는 "그때 아팠다"는 정서를 기억하고, 비슷한 상황을 또다시 피하라고 경고한다.

결국 A씨는 그때의 감정만으로 새로운 가능성을 차단하고, 실패하지 않는 선택만을 반복하게 된다. 손해는 없지만 성장도 없다. 뇌가 감정 중심으로 작동하면서 판단의 회로가 제한된 셈이다.

인간의 뇌는 기억이 흐릿해도, 손해는 또렷하게 남겨둔다. 같은 실패라도 뇌는 이익보다 손해 쪽을 훨씬 더 강하게 저장한다. 시간이 지난 뒤에 성공의 이유는 잘 떠오르지 않는데, 실패의 장면과 감정은 생생하게 재생된다. 이건 단순한 기분 탓이 아니라, 뇌가 가진 생물학적 특성 때문이다. 뇌는 생존을 위해, 손해를 빠르게 감지하고 오래 기억하도록 진화해왔다. 그래서 지금의 우리는 손해를 본 적이 있다는 이유만으로, 기회를 피하는 선택을 하게 된다.

심리학에서는 이를 손실 회피성(loss aversion)이라 부른다. 이익이 주는 만족보다 손해가 주는 불쾌감이 뇌에 훨씬 더 강하게 남는다는 뜻이다. 뇌 속에서 이 반응을 주도하는 곳은 편도체다. 편도체는 위협을 빠르게 감지하고, 불안한 상황에서 경고 신호를 먼저 울리는 역할을 한다. 도파민은 줄고, 코르티솔은 분비된다. 그 순간 뇌는 이 상황을 감정적으로 각인하고, 손해를 '두 번 다시 겪지 말아야 할 일'로 분류한다. 그 결과, 판단보다 감정이 먼저 반응하게 된다.

문제는 이 감정 기반 기억이 판단의 기준으로 고착된다는 점이다. 뇌는 "이런 상황은 예전에 아팠다"는 정보만 호출하고, 전전두엽의 이

성적인 분석은 개입할 기회를 얻지 못한다. 그래서 과거의 손해가 떠오르면, 비슷한 상황에서도 기회를 다시 시도하지 않고 피하려 든다. 과거의 실패가 판단을 멈추게 하고, 손실의 감정이 이익의 가능성을 덮어버린다. 뇌는 실제 사건보다, 그때의 감정을 더 정확하게 기억한다.

이 구조는 반복될수록 더 단단해진다. 뇌는 반복된 감정을 회로로 저장하고, 그 회로를 따라 다음 행동을 결정한다. 실패한 경험이 많았던 사람일수록, 뇌는 '비슷한 상황은 피하라'는 신호를 훨씬 빠르게 보낸다. 그 결과, 뇌는 기회를 보기 전에 위험부터 감지하고, 도전보다 회피를 먼저 실행한다. 이 회로는 뇌가 위험을 피하려 만든 방어장치지만, 동시에 기회와 성장을 가로막는 무의식적 경계선이 되기도 한다.

실패가 문제인 게 아니라, 그 실패를 감정적으로만 저장한 방식이 문제인 것이다. 뇌는 객관적인 기억보다 감정이 동반된 기억을 더 강하게 남긴다. 특히 손해와 결합된 감정은 '그때'의 판단만이 아니라, '앞으로도' 같은 상황은 피하라는 경고로 작동한다. 그렇게 뇌는 도전을 분석하지 않고, 위험을 자동적으로 확대 해석하며, 가능성의 문을 미리 닫아버린다.

이 회로를 바꾸려면, 먼저 뇌가 손해를 감정으로만 기억하고 있지는 않은지 점검해야 한다. 그때의 손실이 진짜 불가피했는지, 아니면 감정적으로 과장된 반응이었는지를 따져볼 수 있어야 한다.

두 번째는 반복된 회피를 끊는 작은 실행이다. 아무리 작더라도 새로운 시도를 하고, 그 경험이 생각보다 덜 불편했다는 사실을 뇌에 남겨줘야 한다.

마지막은 회복의 감정 피드백이다. "이번엔 별일 아니었다", "생각보다 괜찮았다"는 감정 인식이 반복되면, 뇌는 손실보다 가능성을 중심으로 회로를 전환하기 시작한다.

뇌는 공정하지 않다. 더 크게 반응한 감정을 진실로 저장하고, 그 진실을 기준으로 다음 선택을 결정한다. 그래서 이익을 경험한 사람도 손실을 더 많이 기억하면, 도전이 두려워지고 회피가 습관이 된다. 결국 뇌는 기억한 방향대로 자신을 설계하고, 손해를 기준으로 반응하는 회로는 가능성보다 회피 쪽으로 삶을 이끈다.

미루고, 도망치며, 방어하는 뇌

할 일은 책상 위에 쌓여 있고, 나는 그 앞에 앉아 있지만, 손은 자꾸 딴짓을 향한다. 커피를 내리고, 전화를 확인하고, 갑자기 청소가 하고 싶어진다. 누구보다 열심히 피하고 있다는 걸 깨닫는 순간, 우리는 자주 스스로를 이렇게 부른다.

"난 정말 게을러."

하지만 그건 사실이 아니다. 뇌는 게을러서 미루는 게 아니라, 무서워서 도망치는 것이다. 이 회피의 출발지는 뇌의 편도체다. 생존을 위해 위협을 감지하던 이 작은 뇌 부위는 여전히 현대인의 감정도 '위험'으로 인식한다. 시험, 발표, 피드백, 실패 가능성. 이 모든 상황은 뇌에게 있어 호랑이와 다름없다. 편도체는 감정을 과장하고, 뇌는 빠르게 결론을 내린다. "하지 말자. 일단 도망치자." 바로 뇌의 방어 반사다.

뇌는 행동을 멈추는 대신 딴 행동을 하도록 유도한다. '진짜 할 일'은 미뤄지지만, '지금 당장의 안도'를 주는 다른 일을 하게 한다. 이 순간 도파민이 분비되며 뇌는 미루기를 보상과 연결시킨다. 반복될수록 이 회피는 습관이 되고, 습관은 회로가 된다. 뇌는 다음번에도 같은 자극 앞에서 같은 길을 걷는다. 미루기란, 결심 부족이 아니라 뇌가 선택한 회피 루트다.

더 큰 문제는 이 회로가 자기혐오로 이어진다는 점이다. 미루면 불안하고, 불안하면 자책하고, 자책은 다시 회피를 낳는다. '나는 왜 이렇게 못할까'라는 질문은 다시 편도체를 자극하고, 결국 '다음에도' 피하게 된다. 우리는 일을 미루는 게 아니라, 실패할지도 모른다는 감정을 미루고 있는 것이다. 미루기는 감정의 잠복, 회피는 자기보호다. 그리고 뇌는 우리를 보호하느라 지쳐간다.

하지만 뇌는 바꿀 수 있다. 무언가를 새롭게 시작하는 데 필요한 건 의지력이 아니라, 새 회로다. '30분 공부'보다 '책 한 쪽만 읽기', '보고서 쓰기' 대신 '파일만 열기'처럼 작은 행동은 뇌의 경계심을 누그러뜨린다. 편도체는 위협을 크기로 판단하기 때문이다. 작게 시작하면 뇌는 '할 수 있다'는 신호를 받는다. 그리고 이 성공이 반복되면, 회피 대신 실행을 강화하는 새로운 경로가 만들어진다.

또한 뇌는 즉각적인 보상에 반응한다. 일을 마치고 스스로에게 '좋았어', '생각보다 괜찮았네' 같은 짧은 확언을 건네는 것도 신경 회로를 비7는 행동이다. 심리학자들은 이 과정을 '자기효능감의 훈련'이라고 부른다. 결국 중요한 건 일을 끝내는 능력이 아니라, 시작할 수 있도록 뇌를 안심시키는 기술이다.

부자 뇌는 두려움을 인식하고, 그 감정을 넘기지 않고 다룰 줄 아는 뇌다. 반면 가난한 뇌는 두려움을 무시하거나 덮는다. 무시당한 감정은 편도체에 남고, 뇌는 점점 더 예민하게 반응한다. 회피는 심리적 나약함이 아니라, 뇌가 살기 위해 마련한 전략이다. 그 전략을 이해해야만 새로운 전략을 짤 수 있다.

게으름이 아니라 회피였다는 걸 아는 순간, 뇌는 조금 덜 불안해진다. 미루는 나를 탓하기보다, 두려운 뇌를 이해하려는 그 한 번의 시도가 필요하다. 그래야 회피 회로가 꺼지고, 실행 회로가 켜지는 진짜 시작을 할 수 있다.

남의 삶을 훔쳐보는 뇌

눈은 앞을 보지만, 뇌는 늘 옆을 본다. 뇌는 무의식중에 질문을 던진다. "나는 지금 어디쯤일까?" 눈앞에 보이는 타인의 삶은 곧장 비교의 자극이 된다. 누군가는 지중해에서 여유를 즐기고, 누군가는 아침 출근길을 벤츠와 함께 시작한다. 누가 웃고 있고, 누가 성공했으며, 누가 여유로워 보이는지를 우리는 보지 않으려 해도 이미 보고 있다.

소셜미디어는 비교 회로의 가속장치다. 피드는 정보보다 이미지로 이루어져 있고, 이미지는 단번에 감정을 건드린다. 뇌는 이 감정을 곧장 결핍으로 해석한다. 타인의 풍요 앞에서 '나는 부족하다'는 감정이 올라오고, 이 감정은 해마에 저장된다. 문제는 뇌가 이런 감정을 진실처럼 기억한다는 데 있다. 몇 번 반복되면, '나는 원래 그런 사람'이라는 자기 이미지가 굳어진다. 그때부터 비교는 단순한 자극이 아니라, 내 안의 기준이 되어버린다.

이 회로는 감정에만 머물지 않는다. 결핍은 보상 욕구를 자극하고, 보상 욕구는 소비로 이어진다. "이 정도는 있어야 해", "남들도 다 하는데"라는 말은 결국 타인의 기준을 나의 필요로 착각하게 만든다. 소비는 늘 현재를 채우는 방식처럼 보이지만, 사실은 비교의 흔적을 감추는 데 쓰일 때가 많다. 그래서 가난한 뇌는 돈보다 남의 기준에 지배당하는 뇌다. 남의 시간을 살아가고, 남의 목표를 위해 노력하며, 남의 기준으로 자신을 소비한다.

그렇다면 부자 뇌는 어떻게 다를까.

부자 뇌는 비교를 멈추는 것이 아니라, 비교를 의식하는 뇌다. 자극을 외면하지 않고 해석한다. 남의 삶을 질투의 감정이 아닌 정보로 바라보고, 타인의 속도에 휘둘리지 않으며 자신만의 리듬을 지킨다. 이는 단순한 멘탈 강화가 아니다. 뇌는 의식적 인식과 반복을 통해 회로를 재설계할 수 있다. 피드를 끄는 행동, SNS 사용시간을 조절하는 루틴, 나만의 성취 기준을 적어보는 것… 모두가 신경 회로를 다시 쓰는 작은 시작이다.

결국 뇌는 '내가 자주 쓰는 회로'를 강화한다. 남과의 비교를 멈추고, 나와의 대화로 전환하는 뇌는 점차 외부 기준에 흔들리지 않게 된다. 뇌는 반복되는 감정을 진실이라 믿는다. 그렇다면 매일 "나는 충분하다"를 기억시키는 것도 하나의 전략이 된다. 가난한 뇌는 결핍을 반복하고, 부자 뇌는 기준을 선택한다. 중요한 건 무엇을 가졌느냐가 아니라, 무엇을 반복하느냐다.

성공을 감당하지 못하는 뇌

B씨는 유학을 꿈꾸며 오랜 시간 준비해왔다. 늘 우수한 성적을 유지했고, 장학금도 확보했으며, 가족의 응원까지 받았다. 그런데 출국을 며칠 앞두고, 그는 갑자기 계획을 포기했다. 어느 누구도 그를 막지 않았지만, 스스로 발걸음을 멈춘 것이다.

이유는 단순한 두려움이 아니었다. "내가 이 자리에 어울리는 사람일까?"라는 질문이 끊임없이 올라왔고, 뇌는 그 감정을 경고처럼 받아들였다. 성공이 가까워질수록 불안이 커졌고, 결국 그는 익숙한 자리로 물러섰다. 이처럼 어떤 사람은 능력이 부족해서가 아니라, 스스로 보상을 받아들일 준비가 되지 않아 기회를 놓친다.

뇌는 현실보다 자기 인식을 기준으로 반응하며, 그 한계가 행동의 반경을 결정한다. 그래서 성공은 쟁취보다 수용의 훈련이다. '나는 받아도 되는 사람이다'라는 문장이 뇌에 새겨질 때, 비로소 그 자리에 머무를 수 있게 된다.

이렇듯 어떤 사람은 끝까지 가지 못한다. 기회가 눈앞에 왔고, 자격도 충분했으며, 누구도 그를 막지 않았지만, 그 사람은 스스로 멈춰버린다. 갑자기 이유 없는 불안이 몰려오고, 자기도 모르게 발걸음을 늦추고, 마침내 한 걸음 앞에서 돌아서게 된다. 겉으론 두려움처럼 보이지만, 그 내면에는 '나는 이 자리에 있어도 되는 사람인가'라는 근본적인 질문이 있다. 뇌는 결과를 추구하는 기관이지만, 그 결과를 받을 자격이 있다고 스스로 믿지 않으면 보상을 스스로 무너뜨리는 선택을 하게 된다.

보상은 단지 외부에서 주어지는 것이 아니다. 도파민이 분비되고, 성취가 현실로 다가와도, 뇌는 그것을 내 것으로 받아들일 준비가 되어 있어야 한다. 이때 자기 인식이 불안정하면, 도파민의 흐름은 쾌감이 아니라 긴장으로 전환되고, 뇌는 성취를 위협처럼 받아들이게 된다. "이게 진짜 내 것일까", "내가 여기까지 와도 되는 사람일까"라는 의심이 올라오는 순간, 뇌는 스스로를 멈추게 만드는 회로를 작동시킨다. 기쁨보다 불편함이 먼저 떠오르고, 성공보다 들킬까봐 두려운 감정이 앞선다.

이 회로는 보상을 거부하는 구조다. 어릴 적 칭찬을 불편하게 받아들였거나, 좋은 일이 생기면 언제나 불안이 따라왔던 사람은, 뇌 안에 보상을 온전히 받아들일 회로가 제대로 형성되지 않았다. 그렇게 형성된 회로는 "운이었어", "다음엔 안 될 거야", "지금은 과분해" 같은 자기 대화로 강화되고, 그 대화는 결국 자신을 성공에 어울리지 않는 사람처럼 설정하게 된다. 뇌는 성취라는 결과보다, 그 결과를 스스로 받아들이는 능력을 기준으로 회로를 강화해간다.

그래서 어떤 사람은 반복해서 잘하다가도 마지막 순간에 흔들리고, 어이없는 실수를 하거나, 중요한 선택 앞에서 갑자기 스스로 물러선다. 이는 무능이 아니라, 보상을 감당할 수 있는 내면의 자격감이 부족한 상태에서 생기는 뇌의 반응이다. 뇌는 자신의 정체감보다 과한 결과가 주어졌다고 판단하면, 그것을 스스로 무너뜨리는 쪽으로 회로를 작동시킨다. 그 순간 느끼는 안도감은 아이러니하게도 '이게 더 내 자리에 어울린다'는 위장된 안정감에서 비롯된다.

이 회로는 반복된다. 성취가 다가올수록 불편해지고, 좋은 일이 생길 때일수록 불안을 먼저 느낀다. 기대가 커질수록 부담이 되고, 주목을 받을수록 감정이 흔들리며, 결국 스스로 무너지는 선택을 하게 된다. 이 반복은 뇌에게 '나는 여기까지야'라는 회로를 굳히게 만들고, 새로운 기회가 와도 처음부터 거기까지 가지 않도록 내면의 브레이크를 밟게 된다. 자기 인식의 한계가 뇌의 행동 반경을 결정하게 되는 것이다.

그렇다면 이 회로는 어떻게 바꿔야 할까.

첫째, 좋은 일이 생겼을 때 그것을 온전히 받아들이는 훈련이 필요하다. 누군가의 칭찬에 '감사합니다'라고 말하는 연습, 성취를 설명할 때 그것을 축소하거나 농담으로 넘기지 않는 태도, 내가 이룬 것을 작게 만들지 않고 스스로 인정하는 말투가 필요하다.

둘째, 불편함이 올라올 때 그것이 '틀렸기 때문'이 아니라 '익숙하지 않기 때문'이라는 사실을 인식해야 한다. 뇌는 낯선 감정을 경계하지만, 반복된 경험을 통해 그 낯섦을 편안함으로 바꾸는 능력을 가지고 있다.

보상 회로는 감정적으로 수용된 만큼만 작동한다. 스스로를 인정하지 않으면, 뇌는 자격 없는 상태를 되돌리기 위해 방해 행동을 선택하게 된다. 실패는 외부의 결과일 수 있지만, 스스로 만든 실패는 대부분 자기 인식의 한계를 넘지 못했을 때 발생한다. '나는 원래 이런 사람'이라는 한계 안에 머무르면, 뇌는 그 경계를 넘으려 하지 않고, 넘을 수 있는 기회가 와도 피하거나 무너뜨리는 행동으로 반응하게 된다.

성공은 받아들이는 훈련이다. 받을 자격이 있다고 스스로 승인하는 회로가 있어야, 뇌는 그 자리에 머무를 수 있고, 그 결과를 유지할 수 있게 된다. 결국 뇌가 무너뜨리는 것은 현실이 아니라, 스스로가 감당하지 못한 자기의 모습이다. 받아도 되는 사람이라는 문장을 뇌 안에 써야, 비로소 그 자리에 머물 수 있게 된다.

실패 감정이 회로로 굳어진 뇌

어떤 사람은 한 번의 실패에 깊게 흔들리고, 어떤 사람은 같은 상황에서도 금세 방향을 바꿔 다시 걷는다. 그 차이는 뇌가 기억하는 방식에서 비롯된다.

뇌는 실패 자체를 오래 붙잡지 않는다. 오히려 그 실패를 겪은 직후, 내가 어떤 감정을 느꼈는지, 어떤 말을 내 안에서 반복했는지, 어떤 행동을 택했는지를 더 또렷하게 기억한다. 뇌는 실패라는 사건보다, 실패 이후의 반응을 학습하고 저장한다.

어떤 사람은 실수를 했을 때 곧바로 자신을 깎아내리는 말을 반복한다. "난 역시 안 돼", "다시는 하지 말자" 같은 문장은 감정 회로를 자극하고, 편도체의 활동을 높이며 뇌 전체를 위축시키는 방향으로 반응하게 만든다. 이 반응이 반복되면, 뇌는 같은 상황을 피하는 전략을 자동적으로 호출하게 되고, 결국 뇌는 실패를 판단이 아닌 경고로 받아들이는 구조로 굳어진다.

반대로 어떤 사람은 실패했을 때, 감정보다 분석을 먼저 꺼낸다. "뭐가 잘못된 거지?", "어디서 방향이 어긋났을까?" 같은 질문은 전전두엽의 개입을 유도하고, 편도체의 과열을 진정시키는 효과가 있다. 이 때 뇌는 실패를 '위험한 경험'이 아니라 '배울 수 있는 사건'으로 분류하고, 다음 선택에서 같은 실수를 피할 수 있는 정보로 저장한다. 회복의 회로는 실패 그 자체가 아니라, 실패 직후의 태도에서 시작된다.

문제는 대부분의 사람들이 실패 자체를 두려워한다는 데 있지 않다. 오히려 무서운 건, 뇌가 늘 같은 방식으로 실패를 기억하고, 같은 방식으로 반응하게 될까 봐 생기는 두려움이다. 자주 자책했던 사람은 다음에도 자책하는 쪽을 택하고, 자주 움츠러들었던 사람은 비슷한 상황 앞에서 다시 한 번 자신을 줄인다. 이 패턴은 단순한 감정이 아니라, 뇌가 구성해 놓은 반복적 회로의 실행이다.

그렇기에 중요한 건 실패 이후 어떤 말을 스스로에게 건네는가이다. '다시는 안 해'라는 말 대신 '이번엔 배웠다'라고만 말해도 뇌는 다르게 반응한다. 실수의 크기보다 감정의 지속 시간, 행동의 방향, 판단의 속도가 뇌를 바꾸는 핵심이다. 반복된 반응이 회로가 되고, 회로는 행동의 기본값이 되며, 결국 내가 가장 자주 택한 방식으로 내 인생을 조율하게 된다.

뇌는 데이터를 기억하지 않는다. 뇌는 반응을 기억하고, 감정의 결을 저장하며, 다음에도 같은 방식으로 선택을 유도한다. 그래서 실수는 한순간이어도, 그다음의 태도가 반복되면 그것이 바로 나의 회로가 됨을 명심하라.

실패는 지우고, 감정은 새긴다

사람은 실패를 잊는다. 하지만 뇌는 그 뒤의 감정을 기억한다. 시험을 망친 날, 면접에서 말을 더듬은 순간, 투자에서 손실을 본 날, 뇌는 그 '실패'보다 그다음에 느꼈던 무력감, 수치심, 자책을 더 선명하게 각인한다. 뇌는 정보보다 감정에 더 민감하게 반응하고, 감정이 반복되면 그것을 회로로 저장한다. 그래서 실패는 스쳐도, 실패 이후의 감정은 쌓인다. 뇌가 학습하는 것은 실수 자체가 아니라, 그 실수에 대한 반응이다.

이 반응은 심리의 문제가 아니라 생물학적인 구조다. 편도체는 감정을 빠르게 포착하고, 해마는 그 감정과 함께 장면을 저장하며, 전전두엽은 감정을 조절하고 해석하려 한다. 그런데 감정이 강하게 작동하면 전전두엽보다 편도체와 해마가 먼저 움직이고, 뇌는 판단보다 반응을 선택하게 된다. 특히 "나는 안 돼", "나는 원래 그래" 같은 말이 반복되면 뇌는 그 언어 자체를 경로로 인식하고, 비슷한 상황이 닥쳤을 때도 같은 말을 먼저 꺼내게 된다. 그렇게 뇌는 실패보다, 실패 후에 스스로 되뇌던 말과 감정으로 자기 자신을 기억하게 된다.

이런 감정 회로는 반복될수록 강해진다. 처음엔 좌절이었지만, 두 번째는 회피로, 세 번째는 자기 포기로 바뀌며 뇌는 점점 새로운 시도를 '감정적으로 위험한 일'로 인식하게 된다. 도전을 꺼리는 이유는 실패 자체가 무서워서가 아니다. 실패 후 따라오는 감정이 이미 너무 익숙하고, 그 익숙함이 뇌 안에서 '예측 가능한 고통'이라는 안전지대로 자리 잡았기 때문이다. 결국 뇌는 실수를 두려워하는 것이 아니라, 실패 뒤의 감정을 회피하려는 방향으로 재설계되는 것이다.

하지만 뇌는 고정된 구조가 아니다. 부정적인 감정도 회로가 되지만, 회복도 회로로 만들어질 수 있다. 중요한 건 실패를 줄이는 것이 아니라, 실패 이후 돌아오는 길을 만들어두는 것이다. 감정이 올라오는 걸 막을 수는 없지만, 감정이 전부가 되도록 내버려 두지 않는 방법은 배울 수 있다. "괜찮아, 이번엔 왜 이런 결과가 나왔는지 한번 보자"는 말은 처음엔 낯설지만, 반복하면 뇌는 그 문장에도 회로를 만든다. 감정보다 판단에 먼저 반응하는 뇌는 그렇게 훈련된다.

실패 후 뇌가 기억하는 것은 사건이 아니라 태도다. 내가 스스로를 어떻게 대했는지, 어떤 말로 나를 정리했는지, 얼마나 오래 그 감정에 머물렀는지를 뇌는 데이터처럼 저장한다. 다음 번에도 같은 상황이 오면, 그 기억을 먼저 불러와 그에 맞는 감정을 재생하고, 다시 같은 행동을 반복한다. 회로는 그 자체로 강력한 예측 시스템이자 반복 장치다. 그러니 실패를 바꿀 수는 없어도, 실패 후의 반복은 바꿀 수 있다.

가장 현실적인 방법은 단 세 문장을 뇌에 새기는 것이다.

첫째, 감정을 인식한다. "지금 나는 실망했고, 부끄럽고, 기운이 빠진 상태다."

둘째, 반응을 멈춘다. "예전처럼 회피하거나 비난하지 말고, 지금은 잠깐 정지하자."

셋째, 회복을 상상한다. "이번 일은 끝이 아니라 시작이 될 수 있다."

이 세 가지 문장은 감정을 억누르지 않고도 전전두엽이 개입할 시간을 벌어주고, 뇌는 감정이 아닌 판단에 반응하는 회로를 다시 만들기 시작한다.

뇌는 자주 들은 방향으로 설계된다. 실패는 누구나 겪지만, 그 실패에 어떤 감정을 연결하고 반복했느냐에 따라 뇌는 전혀 다른 방향으로 반응하게 된다. 그래서 실패는 지워지지만, 감정은 새겨진다. 그리고 반복된 감정은 회로가 되고, 그 회로는 다음 선택을 미리 정해놓는다.

뇌는 익숙한 고통을 선호한다

뇌는 반드시 옳은 쪽을 선택하지 않는다. 때로는 불편하고 괴로운 쪽을 더 잘 따른다. 뇌는 '좋고 나쁨'보다 '익숙함과 낯섦'에 더 크게 반응하기 때문이다. 그래서 우리는 분명 괴로운데도 같은 실수를 반복하고, 뻔한 후회인 줄 알면서도 똑같은 반응을 반복하는 것이다.

이건 의지의 문제가 아니라, 뇌가 만들어놓은 익숙함의 회로 때문이다. 예측 가능한 고통은 낯선 변화보다 안전하다고, 뇌는 착각한다. 반복된 불안, 익숙한 자기 검열, 포기 직전의 체념은 비록 괴롭지만 뇌 입장에서는 안정적이다. 이미 겪어본 감정이기에 다음 반응도 예측 가능하고, 그 예측 가능성을 뇌는 '위협이 없는 상태'로 인식한다.

새로운 시도는 실패할 수도 있고, 낯선 반응은 계산되지 않은 결과를 불러올 수 있다. 이럴 때 뇌는 차라리 뻔한 고통 쪽으로 몸을 기울인다. 그 선택을 반복할수록 이 회로는 더 빠르게, 더 자동적으로 작동하게 된다. 익숙한 지출은 결국 뇌 안에서 '기본값'이 된다. 카드값이 늘 빠듯하게 돌아오고, 연체 알림에 익숙해진다. 월급날이면 제일 먼저 카드값부터 막고, 그걸로 '이번 달 할 일은 끝났다'는 안도감을 느낀다. 하지만 정작 지난달 어디에 얼마를 썼는지는 모른다. 가계부를 쓸 생각은 막연히 부담스럽고, 계산기를 켜는 일조차 피하게 된다. 뇌는 이런 회피를 감정적으로 감지하고, '불편함을 피하는 선택'으로 회로를 굳힌다. 도전이나 계획은 리스크처럼 느껴지고, '있는 돈에서 버티기'가 일상이 된다. 그렇게 회피는 선택이 아니라 자동 반응이 되고, 변화는 뇌에게 위협으로 각인된다.

소비 습관을 바꾸지 못하는 이유는 의지 부족이 아니라, 이미 굳어진 감정 회로 때문이다.

하지만 뇌는 언제든 다시 써질 수 있다. 불안을 반복한 것도 훈련이고, 회복도 훈련될 수 있다. 새로운 회로는 어색하지만, 반복되면 기존 회로를 대체하게 된다. '이번엔 다를 수도 있다', '나는 다시 해볼 수 있다'는 말은 처음엔 믿기 어렵지만, 뇌는 자주 들은 쪽을 더 진실에 가깝다고 여긴다. 반복된 자기 비난이 뇌를 설계했듯, 반복된 자기 신뢰도 회로를 다시 짠다. 뇌는 감정의 총합이 아니라, 반복된 감정의 방향으로 반응한다.

뇌는 변화를 싫어하는 장기지만, 변화에 가장 민감하게 반응하는 장기이기도 하다. 익숙한 고통을 안전이라 착각하는 회로에서 빠져나오는 일은, 그 착각을 자각하는 순간부터 시작된다. 그리고 '이 감정은 낯설지만, 더 나아질 수 있다'고 말해주는 단 하나의 문장이, 뇌에게는 새로운 회로의 첫 줄이 된다.

자기효능감이 낮은 뇌

"나는 원래 안 되는 사람이야." 이 문장은 조용히 속삭이지만, 뇌에겐 아주 선명한 명령이다. 자존감이 낮은 사람도, 자존감이 꽤 높아 보이는 사람도 이 말을 스스로에게 건넨다. 자존감은 나를 얼마나 좋아하느냐의 문제고, 자기효능감은 내가 내 삶을 바꿀 수 있다고 믿느냐의 문제다. 뇌는 사랑보다 변화를 향한 믿음을 더 오래 기억하고, 더 깊게 회로로 만든다. 결국 자존감보다 자기효능감이 낮은 사람이 더 쉽게 가난한 회로에 갇힌다.

자기효능감은 성격이 아니라 경험의 누적이다. 어릴 때 무언가를 스스로 해결해본 적이 있었는지, 실패하고도 다시 시도해본 기억이 있었는지, 내 행동이 결과를 바꾼 적이 있었는지가 뇌의 구조를 만든다. 반복된 성공이 아니라, 실패 후 복귀해본 경험의 누적이 자기효능감의 핵심이다. 시도하고 무너졌지만, 다시 시도한 기억이 있는 사람의 뇌는 '움직임은 의미가 있다'는 구조를 갖는다. 반대로 아무리 노력해도 바뀌지 않았던 기억, 시도할수록 더 혼나고 외면받았던 기억, 아무 말도 하지 않았을 때가 덜 상처받았던 기억은 뇌에게 '움직이지 마'라는 회로를 학습시킨다.

이 회로가 강화되면, 뇌는 선택지 앞에서 판단을 멈춘다. 할 수 있을 것 같지도 않고, 해도 바뀌지 않을 거라 믿기 때문에 감정은 이미 손을 놓는다. 도전이 두려운 것이 아니라, 결과가 없을 거라는 확신이 시도 자체를 마비시키는 것이다. 그렇게 자기효능감이 낮은 사람은 아무것도 하지 않고, 아무것도 하지 않기에 결과는 없고, 결과가 없으니 뇌는 다시 "역시 나는 안 되는 사람"이라는 판단을 정답처럼 강화한다. 이 순환은 감정이 아니라 회로의 구조로 뇌에 자리 잡는다.

뇌는 자주 해본 방향으로 구조화된다. 자기효능감은 근거 없는 긍정이 아니라, 복귀 루틴의 반복 훈련이다. 작은 성공보다 더 중요한 건, 실패한 다음에 돌아오는 방식이다. 다시 일어나본 기억, 감정 대신 판단을 선택해본 경험, 잠시 쉬었다가 돌아온 루틴—이런 반복이 쌓이면 뇌는 시도 자체를 위험이 아니라 성장의 전제로 기억하게 된다.

자존감은 말로 위로할 수 있지만, 자기효능감은 행동으로만 길러진다. "넌 잘할 수 있어"라는 말보다, 한 번 해본 경험이 뇌에게는 더 확실한 증거다. 말보다 루틴, 격려보다 기록, 공감보다 실행이 자기효능감을 설계한다. 자기효능감은 '나에 대한 기분'이 아니라, 뇌의 판단이 반복한 감정의 공식이다.

무기력은 감정이 아니다. 그것은 반복된 회로이며, 훈련된 정지 상태다. "나는 안 돼"라는 생각은 실망하지 않기 위한 방어이기도 하고,

더 이상 아프지 않기 위한 전략이기도 하다. 하지만 그 전략은 삶의 모든 선택을 묶는다. 그리고 그 묶임이 오래될수록 뇌는 새로운 가능성을 계산조차 하지 않게 된다.

그러니 '나는 안 돼'라는 감정이 들 때, 그 말이 진짜 내가 아니라, 과거의 감정이 만든 회로일 가능성을 의심해야 한다. 지금 할 수 있는 가장 작은 루틴부터 다시 시작해야 한다. 10분간 책을 펴보기, 식사 시간을 지켜보기, 의식적으로 한 문장 써보기. 이 사소한 반복이 뇌에게 '움직임은 가능성을 바꾼다'는 신호를 새기게 된다.

자기효능감은 자존감보다 늦게 생기지만, 한번 생기면 더 오래 가고 더 깊이 뇌를 지배한다. 뇌는 변화를 꿈꾼 사람을 기억하지 않는다. 변화를 한 걸음이라도 실행한 사람의 구조를 기억한다. 그리고 그 구조가 쌓이면, 뇌는 다시 앞으로 나아갈 회로를 만든다.

당장의 보상에 먼저 움직이는 뇌

운동을 해보겠다며 새로 산 운동화를 구석에 놓아둔 채, 밤 11시에 또다시 맛있는 야식 배달 앱에 눈이 간다. '내일부터 다이어트'라는 말을 한 지 벌써 열흘째, 정작 지킨 건 한 끼도 없다. 내일의 성취보다 지금의 위로가 더 크게 느껴지는 이유는 뭘까. 의지의 문제가 아니다. 뇌는 멀리 있는 가능성보다, 지금 눈앞에 있는 확실한 보상에 더 빠르게 반응하는 방식으로 설계돼 있기 때문이다.

도파민 시스템은 뇌가 기대를 감지할 때 작동하지만, 그 보상이 실현되었을 때 가장 강한 반응을 보인다. 눈앞의 보상이 반복되면 뇌는 그 자극을 우선 호출하는 회로를 강화하고, 결국 모든 판단과 선택이 '지금의 쾌감'을 중심으로 재구성된다. 이 회로는 감정을 줄이기 위한 반응으로 작동하며, 스트레스를 받을수록 더 강해진다. 스트레스는 전전두엽의 조절 기능을 억제하고, 편도체 중심의 감정 회로를 과활성화시킨다. 그 결과, 뇌는 이성보다 감정에 반응하고, 계획보다 지금의 기분을 먼저 구제하려 한다.

이런 구조는 반복을 통해 강화된다. 자주 즉시 보상을 택한 뇌는 결국 '기다릴 수 없는 회로'로 굳어진다. 이 회로는 다음에도 '지금'이라는 키워드를 가장 먼저 호출하고, 결국 목표는 계속 멀어지고, 눈앞의 자극만 더 빠르고 또렷해진다. 다이어트를 하겠다고 결심하면서도 간식을 고르고, 저축을 다짐하면서도 앱에서 결제를 누르는 행동은 의지력의 실패가 아니라, 즉시 만족에 최적화된 뇌의 학습 결과다.

뇌는 지금 받은 것을 진실로 믿는다. 내일을 설계할 수 있어도, 오늘의 감정에 반응하는 속도가 훨씬 빠르다. 이 차이가 쌓이면 뇌는 멀리 있는 보상을 흐릿하게 만들고, 가까운 자극만 반복적으로 강화한다. 더 나은 선택을 아는 사람도 반복해서 나쁜 습관을 되풀이하는 이유는, 뇌가 지금의 보상을 중심으로 회로를 구성해왔기 때문이다.

이 회로는 바꿀 수 있다.

첫째, 즉시 보상이 주는 감정 반응을 인식하는 것부터 시작해야 한다. '지금 이걸 먹고 싶은 건 진짜 배고파서일까, 아니면 지루하거나 외로워서일까'라는 질문을 스스로에게 던질 수 있어야 한다.

둘째, 작게 지연시키는 연습이 필요하다. 5분을 미루고, 하루를 참고, 일주일을 상상하며 계획하는 반복이 쌓이면 뇌는 '기다리는 경험'을 익숙한 경로로 인식하게 된다.

셋째, 지연 후 얻은 감정을 뇌에 다시 남겨줘야 한다. '기다린 보상이 더 컸다', '지금 안 먹으니 내일이 기대됐다'는 감정의 피드백이 반복되면, 뇌는 그 피드백을 새로운 기준으로 삼는다.

즉시 보상은 뇌에게 가장 빠른 확실성이며, 반복될수록 더 강력한 회로가 된다. 하지만 뇌는 동시에 학습에 열려 있는 기관이며, 느리게 얻은 보상도 반복되면 새로운 회로로 자리 잡는다.

기억하자. 지금의 보상이 가장 쉽지만, 가장 짧다. 그리고 긴 보상을 기다릴 수 있는 뇌는, 더 멀리 갈 수 있는 구조를 가진다는 것을.

충동에 못이겨 전두엽이 사라진 뇌

"또 사고 말았네, 이러면 안되는 데…"

매달 카드값에 스트레스 받으면서도 결제를 누른다. 의지가 약해서일까? 아니다. 문제는 뇌에 있다. 이마 바로 뒤, 전두엽. 그중에서도 전전두엽은 감정과 충동을 조절하고, 즉각적인 행동을 멈춰주는 브레이크다. 그런데 이 브레이크가 작동하지 않는 순간, 감정은 그대로 행동으로 이어지고, 우리는 또다시 똑같은 후회를 반복하게 된다.

가난한 뇌는 전두엽이 늦게 반응하거나, 아예 반응하지 않는다. 감정이 먼저 출발하고, 전두엽은 그 뒤를 쫓지만 이미 손가락은 결제 버튼을 누르고 있다. 충동은 반사적으로 작동하고, 전두엽은 사후처리만 한다. '왜 그랬지?'는 이미 늦은 질문이다. 이 구조가 반복되면 뇌는 빠르게 반응하는 회로를 강화하고, 자꾸만 자극에 취약해지는 방향으로 설계된다. 광고가 뜨면 사고 싶고, 스트레스 받으면 소비로 기분을 달래려 든다. 뇌는 더 이상 계산하지 않고, 반응만 한다.

문제는 이것이 단순한 성향이나 나약함이 아니라, 뇌 회로의 사용 패턴이라는 데 있다. 스트레스, 수면 부족, 반복된 실패는 전두엽의 작동력을 저하시킨다. 특히 만성 피로나 불안이 쌓이면, 뇌는 전두엽보다 감정 회로에 에너지를 우선 배분하고, 조절 능력은 점점 약해진다. 한 번, 두 번 그렇게 반응한 뇌는 결국 조절이라는 기능 자체를 '덜 쓰는 능력'으로 인식하고 그 회로를 점차 잃는다.

반대로 부자 뇌는 전두엽의 개입이 빠르고 자주 이뤄진다. 충동이 올라오더라도 잠깐 멈추고, 유혹이 닥쳐도 '지금 말고 나중에'라는 판단을 꺼낸다. 이건 재능이 아니라 훈련이다. 매번 한 번 더 멈춰보고, 한 번 더 질문하고, 한 번 더 미뤄본 경험이 전두엽 회로를 굵게 만든다. 반복이 쌓이면 감정보다 판단이 먼저 호출되고, 브레이크는 더 자연스럽게 작동한다. 전두엽은 그렇게, 반복해서 사용하는 뇌의 습관으로 성장한다.

충동 억제는 결심의 문제가 아니다. 그것은 반복된 선택의 결과이자, 뇌가 어떤 방식으로 살아왔는지를 보여주는 회로의 흔적이다. 스스로가 자꾸 같은 후회를 반복하고 있다면, 그것은 나쁜 성격이 아니라 전두엽이 말을 걸 기회를 잃은 뇌의 반사 작용일지 모른다. 지금의 충동 앞에서 단 3초만 멈출 수 있다면, 뇌는 다른 회로를 기억하기 시작할 것이다.

스트레스는 또 다른 스트레스를 낳고

스트레스는 단순한 기분이 아니다. 그것은 신경전달물질의 신호이며, 뇌를 구조적으로 바꾸는 자극이다. 잠깐의 긴장은 괜찮다. 하지만 그 긴장이 계속되면 뇌는 서서히, 조용하게 무너지기 시작한다. 그 중심엔 코르티솔이라는 스트레스 호르몬이 있다. 이 호르몬은 단기적 위기에는 도움이 되지만, 장기적으로는 뇌의 가장 중요한 기능부터 침식시킨다. 판단력, 자기 조절력, 감정 조절력. 우리가 '나답게' 행동할 수 있는 뇌의 기반이 무너지기 시작하는 것이다.

코르티솔이 과다하게 분비되면, 뇌는 자신이 '위험한 환경'에 있다고 믿는다. 그 순간부터 판단과 조절을 담당하는 뇌의 사령탑, 전전두엽은 작동을 늦춘다. 대신 편도체와 같은 감정 회로가 활성화되며, 뇌는 점점 더 감정 중심적으로 반응하게 된다. 계획은 흐려지고, 순간 감정에 휘둘리는 선택이 늘어난다. 스트레스가 반복될수록 뇌는 점점 '생존 모드'에 머물게 되고, 감정은 커지고 이성은 침묵하게 된다.

이 상태에서 우리는 더 쉽게 돈을 쓰고, 더 자주 참지 못하고, 후회를 반복하게 된다. 뇌는 점점 '그런 식으로' 반응하는 회로를 강화하고,

그 회로가 굳어지면 스스로 빠져나오기 어렵다. 스트레스가 판단을 흐리고, 흐려진 판단이 또 다른 스트레스를 불러오는 구조. 그렇게 뇌는 악순환의 굴레에 갇히고, 우리는 왜 늘 똑같은 실수를 반복하는지 스스로도 알지 못하게 된다.

그렇다고 희망이 없는 건 아니다. 부자 뇌는 스트레스를 덜 받는 뇌가 아니라, 스트레스에 휘둘리지 않는 회로를 가진 뇌다. 감정은 인식하되, 반응하지 않고, 판단은 지연하되 잃지 않는다. 이 차이는 재능이 아니라 훈련에서 온다. 전전두엽이 감정을 다룰 기회를 얻어야 하고, 그 기회를 줄 수 있는 건 오직 반복된 '멈춤'의 습관이다.

코르티솔은 우리가 조절할 수 없다. 하지만 코르티솔이 뇌를 지배하지 못하도록 만드는 회로는 스스로 설계할 수 있다. 스트레스가 몰려오는 순간, 단 3초만 멈추고 숨을 골라보자. 그 짧은 멈춤 하나가 뇌에게 '나는 아직 판단할 수 있어'라는 신호를 보낸다. 그리고 그 신호가 반복되면, 뇌는 다시 균형을 찾는다. 감정에 휘둘리지 않고 중심을 잡는 힘은, 뇌의 크기가 아니라 회로의 훈련에서 시작된다.

혼자 버티는 뇌, 더 가난해진다

누군가는 혼자서도 잘 해낸다. 힘든 일이 있어도 말하지 않고, 실패한 순간에도 아무 일 없다는 듯 일어나고, 슬퍼도 조용히 참은 채 다시 일상으로 돌아간다. 겉으로는 단단해 보이고, 누군가에게 기대지 않는 모습은 성숙한 어른처럼 보인다. 하지만 뇌는 그렇게 받아들이지 않는다. 뇌는 혼자 버티는 상황을 생존의 위협으로 감지하고, 그 순간부터 '살아남기' 중심의 구조로 작동하기 시작한다.

뇌는 연결될 때 가장 잘 작동하는 기관이다. 관계는 단순히 감정을 나누는 통로가 아니라, 신경계 전체의 안정과 회복을 위한 생물학적 기반이다. 신경계는 타인과의 연결을 자원으로 인식하며, 안정적인 관계 속에서만 이성적 판단과 장기적 계획을 설계할 수 있도록 설계되어 있다. 반대로 외로움이 지속되면 뇌는 편도체 중심의 감정 회로를 활성화하고, 전전두엽의 판단 기능은 줄어들며, 행동은 점점 더 보수적이고 방어적으로 좁아진다.

실제로 이런 차이는 성장 환경에서도 드러난다. 형이 셋 있는 집에서 자란 한 남성은 매번 식탁에서 말하는 타이밍을 잡아야 했고, 원하는 것을 얻기 위해 협상하거나 양보하는 기술을 익혀야 했다. 크고 작은 갈등을 통해 조정력과 감정 조절을 체득했고, 실패했을 때도 곧장 형제에게 털어놓는 버릇이 생겼다. 그의 뇌는 언제나 '연결된 상태'에 익숙했고, 그래서 문제가 생겨도 혼자 감당하려 들기보단 타인의 조언을 자원으로 해석하는 습관을 갖게 되었다.

반면, 외동으로 자란 다른 남성은 말하지 않아도 대체로 원하는 걸 가질 수 있었고, 갈등이 생기면 피하거나 혼자 해결하는 방식에 익숙했다. 감정을 나눌 대상이 없었기에 혼자 처리하는 능력은 뛰어났지만, 동시에 문제를 공유하는 데는 익숙지 않았다. 어릴 땐 '어른스럽다'는 칭찬을 받았지만, 성인이 된 후에는 타인과의 협업이나 도움 요청에서 막막함을 느꼈다. 그의 뇌는 '혼자 해결해야 안전하다'는 회로를 더 강하게 만든 것이다.

고립된 뇌는 늘 생존 모드에 머문다. 생존 모드란 앞을 보지 않고, 당장의 위협을 피하기 위한 반응에 몰두하는 상태를 말한다. 이 상태의 뇌는 새로운 기회를 분석하지 않고, 잠재적 손실을 과장해 해석하고, 관계 속에서조차 위험을 먼저 감지하게 된다. 처음엔 독립이라 여겼던 거리감이 어느새 정서적 고립으로 굳어지고, 뇌는 연결을 더 이상 편안함이 아닌 피로로 해석하기 시작한다.

고립된 상태가 길어지면 뇌는 타인을 기대의 대상으로 인식하지 않는다. 조언은 불편하게 느껴지고, 피드백은 위협처럼 받아들여지며,

스스로에 대한 신뢰만이 유일한 판단 기준이 된다. 문제는 신뢰의 기반이 타인과의 연결이 아니라면, 그 신뢰는 점점 좁아질 수밖에 없다는 점이다. 관계가 줄어들수록 판단은 내향적이 되고, 기회보다 회피가 먼저 떠오르고, 자원은 나눌 수 있는 것이 아니라 잃지 않아야 할 것으로 인식되기 시작한다.

뇌는 '혼자'라는 신호를 받을 때 스트레스 호르몬인 코르티솔을 더 많이 분비하고, 연결된 순간에는 회복 호르몬인 옥시토신을 분비한다. 이 호르몬의 차이만으로도 뇌의 사고 범위는 크게 달라진다. 연결될 때 뇌는 더 멀리 보고, 더 다양한 가능성을 고려하고, 실패를 감내할 수 있는 여유를 회복한다. 반대로 혼자일수록 뇌는 방어 중심의 선택을 반복하고, 손해 회피 중심의 전략에 매달린다. 결국 혼자는 선택의 크기를 줄이고, 뇌는 그 축소된 틀 안에서만 판단을 반복하게 된다.

가난한 뇌는 혼자 싸운다. 외롭다는 감정조차 사치처럼 느끼고, 스스로 해결하는 걸 미덕이라 믿으며, 타인의 존재가 불편하게 느껴질 때까지 관계의 문을 닫는다. 그렇게 뇌는 연결을 자산이 아니라 위험으로 오해하고, 점점 더 좁아진다.

부자 뇌는 연결된 순간 확장된다. 실패했을 때 누군가에게 털어놓을 수 있다는 감각, 함께 결정할 수 있다는 신뢰, 조언을 위협이 아니라 자원으로 해석할 수 있는 여유는 뇌에게 안전을 되찾아주고, 전전두엽을 다시 작동시킨다.

신경계는 연결 속에서 안정되고, 연결된 뇌는 더 멀리 생각하고 더 과감히 선택한다. 하지만 혼자 싸우는 뇌는 생존에만 집중하고, 선택지를 줄이며, 삶을 점점 작게 만든다. 관계는 정서의 문제가 아니라, 뇌의 전략 문제다.

나는 왜 돈 이야기만 나오면 작아질까

계산대 앞에서 카드가 거절됐을 때, 얼굴이 화끈거리고 심장은 빨라진다. 누가 본 것도 아닌데 뇌는 위협을 감지하고, 순간 머릿속에 불쑥 튀어나오는 말이 있다. "내가 왜 이 모양이지?" 그 짧은 감정이 뇌에는 오래 남는다. 뇌는 돈을 숫자로 보지 않고, 생존과 자존의 문제로 해석하기 때문이다.

수치심은 뇌의 감정 회로를 급속도로 활성화시킨다. 이때 작동하는 건 편도체다. 뇌는 타인의 평가, 실패의 기억, 나에 대한 낙인을 '사회적 생존 위협'으로 간주한다. 그리고 위협 상황에서 전전두엽은 잠시 기능을 멈춘다. 냉정한 판단을 내려야 할 순간에, 오히려 뇌는 생존 모드로 들어가 버린다.

그 결과, 돈과 관련된 결정을 이성보다 감정으로 내리게 된다. 계획보다 반응이 먼저 나오고, 분석보다 회피가 먼저 작동한다. 수치심은 판단을 흐리고, 작은 실수를 인생 전체로 확대해석하게 만든다. 뇌는 '그땐 실수했어'가 아니라 '나는 원래 안 되는 사람이야'라고 결론 내리기 시작한다.

가난한 뇌는 수치심을 반복해 기억한다. 어린 시절 부모의 말, 친구들 앞에서의 체면, 잔고를 들여다보며 느꼈던 불안—이런 기억들은 단순한 사건이 아니라, 뇌 속에서 회로로 고정된다. 그리고 새로운 경제적 상황이 닥치면, 뇌는 이전의 수치심을 호출하고, 똑같은 방식으로 스스로를 작게 만든다.

예를 들어보자.

"난 흙수저야. 부모에게 물려받은 것도 없고, 지금 가진 것도 없어. 요즘 같은 세상에선 금수저는커녕 은수저도 되기 힘들어."

이런 생각은 단순한 푸념처럼 보이지만, 사실은 뇌 안에서 반복된 수치심이 만들어낸 인식 회로에서 비롯한다. 사회적 비교에서 비롯된 박탈감, 대학 시절 등록금 고지서를 받아들고 아무에게도 말하지 못했던 기억, 소개팅 자리에서 직업을 말할 때 느낀 주눅. 이런 작은 순간들이 쌓이며 뇌는 '나는 원래 작아질 수밖에 없는 사람'이라는 회로를 굳혀간다.

이때부터 회피 전략이 시작된다. 통장을 자주 확인하지 않는다. 돈 얘기를 들으면 얼버무리거나 다른 화제로 넘긴다. 금융 관련 콘텐츠는 '내 얘기가 아니야'라고 넘기고, 실수를 인정하는 대신 핑계를 먼저 찾는다. 모든 행동에는 공통점이 있다. 수치심이 다시 나를 덮치지 않도록, 뇌가 먼저 피하고 있다는 점이다.

하지만 이 전략은 결국 선택지를 줄인다. 배우지 않고, 시도하지 않고, 고립된다. 수치심을 피하는 동안 뇌는 판단력을 잃고, 시간은 흘러 간다. 반복은 회로를 강화하고, 뇌는 진짜로 '나는 돈 앞에서 작아지는 사람'이라고 믿기 시작한다. 이 믿음은 감정이 아니라 뇌의 작동 방식이 된다.

반대로 부자 뇌는 수치심을 감정으로만 소비하지 않는다. 실수는 정보로 저장하고, 실패는 반복 가능한 학습으로 전환한다. "그땐 몰랐지만 지금은 알아가고 있어", "창피했지만 그래도 해봤잖아". 이런 말은 뇌의 방어 체계를 해제시키고, 다시 판단할 수 있는 여지를 만들어준다.

중요한 건 감정 자체를 없애는 게 아니라, 감정이 들 때 회로를 바꾸는 일이다. 수치심이 찾아올 때, 뇌가 그 감정을 '신호'로만 받아들이도록 훈련하는 것이다. '난 왜 이 모양이지'라는 반응 대신, '내가 지금 어떤 감정을 느끼는지 알겠어'라고 말해주는 식이다. 이 한 문장이 뇌의 방향을 조금씩 바꿔놓는다.

돈은 숫자이지만, 뇌에게는 이야기다. 내가 어떤 위치에 있는 사람인지, 무엇을 할 자격이 있는지, 어디까지 올라가도 되는지에 대한 이야기로 받아들인다. 그 이야기 안에서 나는 작아질 수도 있고, 커질 수도 있다. 뇌는 매일 내가 반복하는 그 이야기를 기억하고, 그 기억대로 행동하게 한다.

그러니 수치심이 다시 올라올 때, 나를 비난하지 말고, 그 감정을 들여다보자. "그때는 그랬지만, 지금은 다르게 해볼 수 있어". 이 한 문장을 반복할 때마다, 뇌는 조금씩 이전의 회로를 덮고, 새로운 길을 만들기 시작한다. 돈 앞에서 작아지던 뇌는, 그렇게 조금씩 자기 크기를 되찾는다.

회피를 정당화하는 뇌

해야 할 일은 분명하다. 무엇을 바꿔야 하는지도 알고 있고, 어떻게 해야 하는지도 머리로는 정리되어 있다. 그런데도 막상 시작하려 하면 뇌가 정지된다. 몸은 그대로인데 생각은 흐려지고, 갑자기 피곤해지고, 마음은 다른 데로 흘러간다. 이때 우리는 자주 스스로를 탓한다. 의지가 약하다고, 게으르다고. 하지만 뇌는 그 상황을 '멈춰야 할 위협'으로 받아들이는 것이다.

변화는 뇌의 입장에서 낯선 자극이다. 새로운 시도는 예측할 수 없는 결과를 동반하고, 실패에 대한 기억은 편도체를 먼저 깨운다. 감정은 부풀려지고 전전두엽은 잠시 꺼진다. 판단은 밀리고, 뇌는 가장 안전한 반응, 즉 '지금 하지 않기'를 선택한다. 우리는 그 선택을 망설임이라 부르지만, 뇌는 그것을 생존이라 부른다.

회피 회로는 생존 본능에서 만들어졌다. 뇌는 위험 앞에서 싸우거나 도망치거나, 혹은 멈추는 세 가지 방식 중 하나를 택한다. 오늘날 우리가 마주하는 변화는 맹수 대신 계획서이고, 시험 대신 대화이고, 도전 대신 발표다. 그러나 뇌는 여전히 이 모든 상황을 '불확실한 위협'

으로 해석하고, 가장 먼저 정지 명령을 내린다.

그 결과, 말은 이렇게 흘러나온다. "지금은 아니야", "좀 더 준비된 다음에", "이건 나랑 안 맞아"… 표면적으로는 전략 같지만, 실은 편도체가 활성화된 뇌가 만든 회피의 언어다. 뇌는 감정적 불편을 줄이기 위해 스스로에게 설명을 덧붙이고, 그 설명이 반복되면 회로는 고정된다. 자주 멈추는 사람은 자주 멈춘 회로를 가진 사람이다.

멈춤은 실패가 아니다. 하지만 인식되지 않는 멈춤은 반복이 된다. 전전두엽이 꺼진 뇌는 다시 그 길을 따라간다. 다음에도 비슷한 자극이 오면, 뇌는 판단하지 않고 정지부터 택한다. 그렇게 반복된 회피는 습관이 되고, 습관은 회로가 되고, 회로는 곧 정체성이 된다. 뇌는 어느 순간부터 '나는 그런 사람이야'라는 이름으로 회피를 정당화 한다.

그러나 회피 회로는 끊을 수 있다. 회피가 시작될 때, 딱 한 문장만 스스로에게 던져보자. "지금 나는 왜 이걸 미루고 있지?" 이 질문 하나가 전전두엽의 기능을 다시 불러온다. 뇌는 자극에 반응하는 대신 상황을 해석하려 하고, 반응보다 판단을 먼저 하려고 한다. 판단은 회복이고, 회복은 반복을 바꾸는 시작이다.

부자 뇌는 회피가 없는 뇌가 아니다. 회피가 시작될 때 감정을 먼저 자각하고, 감정과 행동 사이에 틈을 만든다. 그 틈 속에 한 문장, 한 호흡, 한 문서 열기가 들어온다. 반면, 가난한 뇌는 감정이 곧 반응이 되고, 반응은 늘 같은 결과를 되풀이한다. 반복되는 정지는 아무 일도 일어나지 않게 만들고, 아무 일도 일어나지 않은 하루가 쌓이면 결국 아무 변화도 없는 삶이 된다.

회피는 타고나는 것이 아니다. 그것은 반복된 감정의 학습이며, 판단이 빠진 채 자동으로 작동하는 반사 회로다. 하지만 뇌는 늘 다른 회로를 만들 준비가 되어 있다. 오늘 당신이 회피 앞에서 조금 더 오래 멈췄다면, 그건 새로운 회로가 켜졌다는 뜻이다. 회피는 감정이다. 인식되면 사라지고, 반복되면 굳어진다. 다행히 지금 이 글을 읽고 있는 당신은, 그 회로에서 빠져나오는 중일지 모른다.

가난은 뇌에 각인된 무의식적 회로

가난은 단순히 돈이 부족한 상태가 아니라, 뇌 깊숙이 각인된 무의식적 회로일 수 있다. 미국 워싱턴주립대의 연구에 따르면, 가난한 가정에서 자란 아이들은 부유한 환경의 아이들과 비교했을 때 해마와 편도체의 연결망이 약하며, 전전두피질의 발달 수준에서도 유의미한 차이를 보였다.

해마는 기억과 학습, 편도체는 감정과 스트레스를 담당하며, 전전두피질은 고차원적 사고와 자기조절 능력을 담당한다. 뇌의 발달은 단순히 유전의 문제가 아니며, 반복되는 환경 자극과 정서적 안정, 그리고 적절한 영양과 경험의 총합이다. 연결망이 약하다는 것은 곧 기능의 저하를 의미하며, 이는 사고의 깊이, 감정의 유연성, 성장을 상상하는 능력 자체에 영향을 미친다.

한 실험에서 연구진은 부자들과 거지들에게 무료 여행권이 생기면 어디로 가고 싶은지 물었는데, 부자들은 스위스, 달나라, 심지어 화성까지 언급했지만, 거지들은 자신이 알고 있는 동네 이름만 말했다고 한다. 식사권을 주고 무얼 먹고 싶냐고 묻자, 부자들은 미슐랭 셰프의

요리를 말했고, 거지들은 따뜻한 국밥이나 김치찌개를 말했다. 같은 기회를 받아도, 사고의 반응은 전혀 달랐다. 뇌가 경험한 세계의 크기만큼만 상상할 수 있는 것이다.

이런 반응은 의식적 판단이 아니라 무의식적 회로의 자동 반사다. 가난은 상상력을 억제하고, 위험을 피하게 만들며, 도전하지 않아도 되는 이유를 정당화한다. "돈이 많으면 불행해질 수도 있어요", "돈이 행복을 보장하지 않잖아요"라는 말은 위로처럼 들리지만, 사실은 회피의 언어다. 실패가 반복되면 뇌는 아예 그 가능성을 포기하고 회로를 닫아버린다. 더 이상 부자가 되려 하지 않는 이유는 능력 때문이 아니라, 회로의 학습 때문이다. 뇌는 반복된 생각에 익숙해지고, 그 익숙함이 곧 현실이 된다.

그러나 희망은 있다. 뇌는 바뀔 수 있다. 과거에는 유년기의 환경이 평생을 결정짓는다고 여겨졌지만, 오늘날 신경과학은 뇌가 나이와 상관없이 회로를 다시 쓸 수 있다는 사실을 증명했다. 이를 신경 가소성이라 한다.

회로를 바꾸는 일은 생각을 바꾸는 일이다. 오늘 하루 당신이 떠올리는 이미지, 말하는 언어, 반복하는 감정, 실행하는 습관 하나하나가 회로를 새긴다. 부자는 실패를 자기 책임으로 돌리고, 책을 읽고, 아이디어를 나누며, 미래를 상상한다. 가난한 회로는 안전한 패턴을 반복하지만, 부자의 회로는 불확실한 기회를 설계한다. 그 둘의 차이는 능력이 아니라 훈련의 방향에 있다.

지금 당신의 뇌가 어떤 회로를 따르고 있는지는, 오늘 당신이 선택한 행동이 가장 잘 보여준다. 오늘도 같은 방식으로 반응하고, 같은 선택을 반복한다면, 내일도 같은 결과가 반복될 것이다. 그러나 지금부터 생각을 바꾸고, 언어를 바꾸고, 상상을 바꾼다면, 회로는 반드시 다시 설계된다. 뇌는 반복된 선택을 기억하고, 반복된 상상을 현실로 만든다.

회로는 유산보다 강하다. 유전(遺傳)보다 강력한 건 훈련이고, 환경보다 결정적인 건 반복이다. 당신이 오늘 몇 번이나 다른 생각을 했는지가, 당신 뇌의 방향을 바꾼다. 다른 생각이 반복되면 회로가 바뀌고, 회로가 바뀌면 결과가 바뀐다. 뇌는 가난을 기억하지만, 반복은 그 기억을 지울 수 있다. 바뀌고 싶다면 지금부터 다르게 생각해야 한다. 그것이 부자 뇌의 회로가 시작되는 방식이다.

오늘의 자극을 택하는 뇌

유튜브 쇼츠 하나를 본다. 그다음 또 하나가 자동으로 재생된다. 그리고 또 하나… 몇 초 만에 전환되는 장면과 음악, 쾌감의 파편들이 뇌를 자극한다. 클릭도 필요 없고, 스크롤하지 않아도 된다. 그저 보고 있으면 도파민이 분비된다. 뇌는 금세 이 회로를 기억한다.

'가만히 있어도 즐거운 자극이 온다.'

반복할수록 뇌는 즉시 보상만을 원하는 방향으로 회로를 고정한다. 그렇게 우리는 무엇인가에 '몰입하는 능력'을 잃어간다. 시간은 흘러가 버리고, 에너지는 분산되며, 결과는 쌓이지 않는다. 계획은 자주 무너지고, 시작은 많지만 끝맺음은 적어진다.

자극을 쫓는 뇌는 성장을 회피한다. 이 회로는 기회를 줄이고 피로만 축적한다. 도파민은 쏟아지지만, 축적된 성과는 없다. 뇌는 소비하고 있지만 아무것도 만들지 않는다. 그렇게 뇌는 가난을 학습한다.

그러나 반대의 회로도 존재한다. 문제를 오래 붙들고, 불안을 견디며, 지연된 보상을 향해 나아가는 뇌도 있다. 이 뇌는 에너지를 모으고, 생각을 지속하며, 결과를 누적시킨다. 몰입은 단순한 집중이 아니다. 몰입은 도파민을 '시간 속에서 축적'하게 만든다. 그 회로를 가진 사람은 반복된 성취로 성장한다. 같은 능력이라도 더 오래 붙들 수 있는 사람, 더 깊이 사고할 수 있는 사람의 뇌는 점점 더 효율적으로 움직이게 된다. 바로 몰입이 부자의 회로인 이유다.

몰입은 엔트로피를 거스르는 훈련이다. 무질서한 주의력을 응축하고, 뿌려지는 에너지와 시간을 한 점에 집중시킨다. 돋보기가 햇빛을 모아 종이를 태우듯, 몰입은 성과를 태워낸다. 반복된 몰입은 뇌의 구조 자체를 바꾸고, 그 구조는 더 빠르게, 더 깊게 문제를 해결하게 만든다. 뇌는 훈련된 만큼만 성장한다. 몰입은 그 훈련의 핵심이다.

우리는 본능적으로 내리막길을 원한다. 그러나 우리가 원하는 성취는 언제나 오르막에 있다. 처음엔 불편하지만, 정상에 오른 순간, 뇌는 그 고통의 기억을 바꾸기 시작한다. 전두엽은 그 성취의 쾌감을 저장하고, 다음 도전의 연료로 삼는다. 오르막을 오를수록 뇌는 학습한다. '이 길은 어렵지만, 결국 보람 있다.' 이 회로를 가진 사람은 점점 더 높은 곳에 닿는다.

가난한 회로는 오늘의 자극을 택하고, 부자의 회로는 내일의 성장을 설계한다. 차이는 재능이 아니라 회로의 방향이다. 몰입은 당신의 뇌가 자극의 노예가 되지 않도록 지켜주는 유일한 전략이다. 몰입은 성장의 시작점이며, 뇌는 언제든 다시 설계될 수 있다. 당신의 도파민은 지금 어디로 흐르고 있는가? 자극인가, 성과인가?

부자 뇌는 도파민을 축적한다.
즉시의 쾌감보다 누적된 진전을 더 크게 보상하며,
성장을 추적하고, 몰입을 반복한다.
도파민은 누구에게나 분비된다.
다만, 반복해서 사용된 회로에 따라
방향이 정해진다.
도파민이 게임을 향해 흘러가면,
그 뇌는 게임을 더 찾고, 도파민이 공부에 쓰이면,
그 뇌는 성장을 더 원한다.
도파민이 가리키는 방향이 바로
당신의 내일이 되는 셈이다.

chapter 3

부자 뇌로 훈련하기

자제력, 낙관, 몰입, 계산, 습관

자제력은 훈련되는 회로다

왜 우리는 늘 같은 실수를 반복할까. 알면서도 또 클릭하고, 또 먹고, 또 지출한다. 순간엔 '이번만'이라고 믿지만, 며칠 뒤엔 다시 후회한다. 뇌가 바보여서 그런 게 아니다. 뇌 안에서는 지금 이 순간의 쾌락과 내일의 가능성이 충돌하고 있고, 그 둘을 선택하는 회로는 생각보다 전혀 다른 경로를 따른다.

즉각 보상은 빠르고 달콤하다. 도파민이 반응하고, 변연계가 활성화되며, 뇌는 단 0.2초 만에 쾌감을 선택한다. 이 회로는 오래된 생존 회로다. 먹을 수 있을 때 먹고, 기회를 앞에 두고 망설이지 말라는 원시적 본능의 산물이다. 그래서 '지금 당장'은 강하고, 뇌는 그 욕구를 우선순위로 배치한다.

반면 전전두엽은 느리고 복잡하다. '나중에 더 큰 보상이 온다'는 걸 판단하려면 계획, 상상, 시뮬레이션이 필요하다. 뇌는 에너지를 더 많이 쓰고, 리스크를 계산하며, 여러 가지 가능성을 검토해야 한다. 그래서 충동을 제어한다는 건, 강한 뇌라기보다 복잡한 뇌의 선택이다.

그 복잡함은 훈련 가능하다. 전전두엽은 반복과 구조에 반응하는 회로다. 충동을 억누르는 연습이 아니라, 한 걸음 멈추는 루틴이 쌓일 때 전전두엽은 강화된다. 말하자면, '의지력'이란 단어는 잘못된 신화다. 자제력은 타고나는 것이 아니라, 반복되는 행동 경로를 통해 길러지는 생물학적 기술이기 때문이다.

가난한 뇌는 반복을 잘못 배운 뇌다. "이번만", "어차피 안 될 텐데", "이 정도는 괜찮겠지" 같은 문장들이 회로처럼 새겨지고, 뇌는 이 짧고 익숙한 회로를 따라 움직인다. 매번 비슷한 결과로 후회하면서도 또 같은 길로 돌아가는 이유는, 뇌가 즉각 보상 회로를 강화해왔기 때문이다.

부자 뇌는 다르다. 유혹을 참는 게 아니라, 판단을 잠시 늦춘다. 자제란 참는 게 아니라 다시 생각할 시간을 확보하는 능력이다. "지금 필요한가?", "이게 나중의 나에게도 좋은가?"라는 질문을 잠깐 던지는 습관이 쌓일수록 뇌는 다른 선택지를 더 잘 꺼내게 된다. 그것이 '지연된 보상'을 선택할 수 있는 회로다.

이 회로는 하루 5초씩의 연습으로도 강화된다. 휴대전화를 들기 전 숨 한 번 쉬기, 결제버튼을 클릭하기 전 '정말 이게 필요해?'라고 다시 한번 생각해보기 등, 이 짧은 순간들이 쌓이면 전전두엽은 반응 속도를 높이고, 즉각 보상 회로는 자주 무시당하면서 점차 약해진다. 뇌는 반복된 선택을 기준으로 회로를 설계한다.

충동은 인간적이지만, 통제는 인간적 기술이다. 자제력이란 억제가 아니라 전략적인 뇌 운영 방식이고, 누구나 훈련해 기를 수 있는 능력이다. "나는 원래 참을성이 없어"라는 말은 성격이 아니라 회로의 반응일 뿐이다. 그리고 회로는 언제든 다시 짤 수 있다.

부자 뇌는 멀리 있는 보상을 눈앞으로 당겨온다. 목표를 시각화하고, 과정의 피드백을 즐기고, 선택을 구조화한다. 가난한 뇌는 즉각 보상을 끝없이 소비하지만, 부자 뇌는 미래를 설계하며 현재를 잠시 기다린다. 이 차이는 곧 삶의 결과로 드러난다.

내가 지금 하지 않은 선택이, 내일의 나를 지킬 수도 있다. 그 한 번의 유예, 한 번의 멈춤이 뇌에게는 아주 구체적인 신호가 된다. 그리고 그 신호가 반복될 때, 충동은 점차 작아지고, 전전두엽은 점점 선명해진다. 자제력은 참는 힘이 아니라, 시간을 선택하는 능력이다.

감정은 흐름을 만드는 뇌의 연료다

수능을 100일 앞둔 고3 진후는 요즘 매일 똑같은 고민에 빠진다. 수학이나 영어는 잘 풀리는데, 유독 국어만 보면 멍해진다. 문제를 펼쳐 놓고도 10분째 뚫어지게 보기만 하고, 손은 한 자도 움직이지 않는다. '나는 원래 국어에 약해.' 그렇게 생각하는 순간, 뇌는 '포기 회로'를 작동시킨다. 그때부터 집중력은 더 흐려지고, 아무리 앉아 있어도 진도가 나가지 않는다.

이걸 본 담임 선생님이 진후에게 물었다.

"지금, 국어 문제를 못 푸는 이유가 진짜 실력이 부족해서일까? 아니면 그냥 지금 기분이 별로라서일까?"

진후는 문득 지난 일요일을 떠올렸다. 친구와의 안 좋은 통화, 엄마와의 말다툼, 이모의 꾸중, 이어지는 자책감… 뭔가 지는 것 같고, 자꾸 괜히 슬퍼지고, 국어를 못하는 자신이 더 미워졌다. 이 감정이 계속 뇌 안에 남아 있던 것이다. 뇌는 실력이 아니라 자존감의 문제로 받아들였고, 국어 문제는 그 감정을 다시 떠올리게 하는 회피 자극이 되어 버렸다.

선생님은 조용히 말했다.

"그건 그냥 감정일 뿐이야. 네 실력하고는 별개야. 한 번만, '문제를 못 푸는 내가 싫은 것'과 '지금 기분이 안 좋은 것'을 구분해 보자."

선생님의 그 말 한마디가 신호였다. 진후는 잠시 눈을 감고 감정을 정리했고, 그날 저녁 처음으로 국어 문제 한 세트를 끝까지 풀었다. 문제를 푼 건 의지가 아니라, 감정이 정돈된 뇌가 다시 일하기 시작한 결과였다.

자, 어떤가? 뭔가 해야 할 일이 있는데 집중이 안 될 때, 해야 할 줄은 알지만 도저히 손이 안 갈 때, 우리는 자주 '의지 부족'을 탓한다. 하지만 뇌 입장에서는 말이 다르다. 지금 문제는 '의지력'이 아니라 '연료 부족'이다. 감정은 뇌의 생산성을 움직이는 가장 강력한 연료다.

긍정 감정은 뇌 전체 시스템을 확장시킨다. 전전두엽의 회로가 열리고, 집중력은 선명해지고, 창의성은 더 유연해진다. 세로토닌과 도파민이 안정적으로 분비되면, 뇌는 지금 이 상태를 유지할 가치가 있다고 판단하고 에너지를 더 투입한다. 이때 뇌는 단순한 처리 기계가 아니라, 탐색과 연결의 창작자로 작동한다.

반대로 부정 감정은 뇌를 위축시킨다. 편도체는 위협을 감지하고, 전전두엽은 기능을 줄인다. 판단은 좁아지고, 행동은 느려지며, 해야 할 일은 갑자기 엄청난 벽처럼 느껴진다. 이건 기분 탓이 아니다. 뇌의 감정 회로가 방어 모드로 전환된 것이다. 기분이 흐려지면, 뇌의 생산성은 자동 저하된다.

감정이 집중력, 인내심, 실행력에 영향을 준다는 건 이미 수많은 신경과학 연구들이 입을 모아 말한다. 감정 상태가 좋을수록 과제 지속 시간이 늘어나고, 스트레스 반응은 줄어들며, 문제 해결 능력은 눈에 띄게 향상된다. 좋은 감정은 뇌의 기능을 확장시키고, 나쁜 감정은 기능을 축소시킨다. 이렇게 간단하고도 강력하다.

결국 감정 조절력이란 감정을 억누르는 능력이 아니다. 감정을 인식하고, 정돈하고, 필요에 따라 전환하는 뇌의 전략이다. 이 조절력이 높은 사람은 같은 실패 앞에서 더 빨리 회복하고, 집중력을 오래 유지하고, 감정 소모 없이 더 많은 결정을 내릴 수 있다. 감정을 조절할 줄 안다는 건 곧 '생산성의 방향'을 스스로 설계할 수 있다는 뜻이다.

가난한 뇌는 감정을 흘러가는 대로 놔둔다. 감정이 곧 현실이 되고, 부정적인 감정이 반복되면서 뇌는 그 회로를 기본값으로 저장한다. 결국 작은 스트레스에도 쉽게 무너지고, 실패가 곧 정체성으로 굳어지며, 뇌는 점점 더 '생산성 낮은 구조'로 고정된다.

반면 부자 뇌는 감정을 다르게 다룬다. 감정을 흘려보내지 않고 '관리'한다. 감정을 감지하고, 질문하고, 정리하는 루틴이 있다. "지금 나는 어떤 상태인가?", "지금 이 감정은 내 판단을 흐리고 있는가?", '잠깐 멈추고 다시 가도 괜찮지 않을까?' 이런 질문들이 뇌 회로를 리셋한다. 그리고 그 반복이 감정 조절력을 근육처럼 강화한다.

오늘의 생산성을 결정짓는 건 의지가 아니다. 감정이다. 뇌는 기분이 좋을 때 더 잘 일하고, 더 창의적으로 연결하고, 더 오랫동안 버틴다. 그리고 이 감정은 우연히 찾아오는 게 아니다. 내가 어떤 감정을 더 자주 불러내는가에 따라 뇌의 방향이 달라진다.

지금 이 순간, 당신의 뇌가 듣고 싶은 말이 있다면 그것은 아마 이런 문장일 것이다.

'지금 내가 느끼는 이 감정은 그냥 감정일 뿐이다. 나는 이 감정을 충분히 정리할 수 있다.'

이 한 문장이 반복될 때, 뇌는 에너지를 다시 모은다. 감정은 흘러가는 것이 아니라, 흐름을 만들어주는 가장 강력한 뇌의 연료다.

미래의 더 큰 보상을 위해 몰입하라

도파민은 즐거움을 위한 물질이 아니라, 예측된 보상을 향해 나아가게 만드는 추진력이다. 뇌는 지금의 행동이 보상으로 이어질 거라는 '기대감'을 감지할 때 도파민을 분비하고, 그 도파민은 행동을 반복하게 만든다. 게임이나 공부, 새로운 아이디어에 몰입할 때도, 도파민은 분비된다. 문제는 도파민이 어떤 회로를 따라 흐르느냐이다.

게임은 즉시 보상의 회로를 자극한다. 버튼 하나에 점수가 오르고, 수 초 만에 쾌감이 찾아오며, 다음 보상까지의 간격이 짧다. 뇌는 이것을 학습한다. 빠른 보상에 길들여진 회로는 더딘 성취를 포기하게 만든다. 오래 걸리는 일은 버겁고, 끝이 보이지 않는 일은 회피하게 된다. 이 회로는 깊이를 버리고 속도를 택한다.

뇌는 익숙한 길로만 간다. 문제는 이 회로가 가난한 행동 패턴을 강화한다는 점이다. 기다리지 못하고, 계획하지 않고, 단기적인 만족에 스스로를 팔기 시작할 때, 뇌는 장기 성과의 기회를 버린다. 그리고 결국, 뇌는 '성공보다 소비'를 택한다. 그렇게 뇌는 점점 가난해진다.

반면, 공부와 몰입은 지연보상의 회로를 필요로 한다. 당장의 쾌감보다는 미래의 더 큰 보상을 선택하는 것이다. 바로 전전두엽과 측좌핵이 이 회로의 핵심 축이다. 이 회로가 잘 발달하면, 즉시 보상(게임, 유튜브, SNS)보다 장기 목표(성취, 성장, 연구 성과)를 더 가치있게 여긴다. 이런 활동을 통해 도파민이 분비될수록 뇌는 '기다림에도 보상이 있다'는 회로를 강화하게 되어서 결국, 지연보상의 내성 즉 기다릴 수 있는 능력이 높아지고, 당장의 충동에는 관심이 없어진다. 지루하게 3시간을 투자해도 성과는 보이지 않고 끝이 어딘지도 모르지만 미래의 보상을 상상하고, 준비된 성취를 위해 현재의 불편함을 감내할 수 있게 된다. 견딘다는 건 회로의 설계가 다르다는 뜻이다.

가난한 뇌는 도파민을 지금 당장 쓰고 싶어 한다. 클릭 한 번, 쇼츠 하나, 리워드 팝업 하나에 도파민을 낭비하며 '해야 할 일'이 아닌 '하고 싶은 자극'으로 도망친다. 뇌는 현실에서의 성공 대신, 자극에서의 생존을 택하게 된다.

반면, 부자 뇌는 도파민을 축적한다. 즉시의 쾌감보다 누적된 진전을 더 크게 보상하며, 성장을 추적하고, 몰입을 반복한다. 이 회로는 단단하고, 결과적으로 생산적인 사람을 만든다.

도파민은 누구에게나 분비된다. 다만, 반복해서 사용된 회로에 따라 방향이 정해진다. 도파민이 가리키는 방향이 바로 당신의 내일이 되는 셈이다. 오늘, 당신의 도파민은 어디로 흐르고 있는가?

목표를 끝까지 밀고 가는 회로 설계법

같은 대학 수업을 듣는 두 학생, 수현과 준호. 교수님은 첫 수업 시간에 숙제를 주었다. "중간 리포트는 한 달 뒤까지 제출입니다." 둘 다 고개를 끄덕이며 다짐했다. '이번엔 진짜 미리미리 해야지.' 하지만 한 달 뒤, 두 사람의 모습은 전혀 달랐다.

준호는 늘 하던 대로 마지막 주에야 과제를 시작했다. 막상 앉자 머리는 하얘졌고, 중간중간 유튜브를 켰다 껐다 하며 집중이 흐트러졌다. 글은 좀처럼 써지지 않았고, 시간은 자꾸만 흘렀다. 결국 마감 전날 밤, 카페인에 의지해 밤을 새웠고, 결과는 그저 그런 수준이었다. 더 큰 문제는 준호의 뇌가 또 한 번 학습했다는 점이다. '과제는 미루는 거야. 마지막에 몰아쳐도 어떻게든 되잖아.' 이건 단순한 습관이 아니라, 기저핵에 각인된 자동 회로였다.

반면 수현은 리포트 주제를 받은 다음 날, 작은 메모장부터 꺼냈다. '내가 이 주제에 어떤 관점을 가질 수 있을까?' 매일 10분씩 사료를 모으고, 일주일에 두 번은 생각을 정리했다. 막힐 때면 스스로에게 물었다. '지금 이 선택이 내가 가고 싶은 방향에 맞는가?' 매주 목요일이면 도서관에 앉아 초안을 써 내려갔고, 그 루틴은 점점 익숙해졌다. 뇌는 이 과정을 '원래 하던 일'로 받아들였고, 기저핵은 루틴을 고정했고, 전전두엽은 그 방향을 유지했다.

리포트를 제출하던 날, 준호는 후회 섞인 하품을 했고, 수현은 내심 만족스러운 눈빛으로 파일을 올렸다. 두 사람의 능력은 비슷했지만, 뇌는 서로 다른 회로를 향하고 있었다.

그렇다. 목표를 세우는 건 어렵지 않다. 문제는 그것을 끝까지 유지하는 일이다. 처음엔 누구나 의욕이 넘친다. '이번엔 다르다', '이번엔 꼭 해낸다'는 다짐으로 시작하지만, 며칠이 지나면 흐릿해지고, 결국 다시 원래대로 돌아간다. 이건 의지의 문제가 아니다. 뇌가 그 목표를 회로로 인식하지 않았기 때문이다. 작심삼일은커녕 작심일일이 되고 마는 이유가 뭘까. 작심은 전전두엽이 하고, 삼일을 못 가는 이유는 감정 회로와 습관 회로의 반격인 셈이다.

뇌는 단기 보상에 훨씬 민감하게 반응한다. 도파민은 '지금 당장 기분이 좋아지는 일'을 더 빨리 호출하고, 당장, 빨리 기분 좋아지는 것이 반복되면 그 자극을 최우선 회로로 저장한다. 긴 호흡의 목표는 전전두엽이 계획해야 하는데, 이 회로는 피로에도 약하고 감정에도 쉽게 꺼진다. 결국 장기 목표는 '알고는 있지만 당장 실행되지 않는 일'로 밀려나기 쉽다.

하지만 부자 뇌는 다르다. 그들은 전전두엽과 기저핵의 회로를 함께 작동시킨다. 전전두엽은 계획과 시뮬레이션을 맡고, 기저핵은 반복을 자동화한다. 기저핵이란 뇌 깊숙한 곳에 있으면서 운동과 습관, 반복 행동의 조율자 역할을 한다. 한마디로 뇌의 자동실행 버튼인 셈이다. 이 두 회로(전전두엽, 기저핵)가 연결되면, 목표는 더 이상 '해야 하는 일'이 아니라 '지금도 하고 있는 일'이 된다. 감정이 흔들려도 루틴은 남고, 루틴이 남으면 뇌는 계속 같은 방향을 향한다.

전전두엽은 질문을 반복할수록 강해진다. '이 목표는 왜 중요한가?', '이걸 이루면 나는 어떻게 바뀌는가?', '지금 이 선택이 그 방향에 맞는가?' 같은 문장은 뇌에게 목표를 잊지 않게 해주는 지도다. 목표가 수치나 문장이 아니라, 구체적인 장면과 감정으로 시뮬레이션 될 때, 전전두엽은 목표를 '미래의 일'이 아닌 '예정된 일'로 인식한다.

기저핵은 그 목표를 향한 루틴을 고정시킨다. 매일 정해진 시간에 앉는 루틴, 하루 한 번 기록하는 루틴, 일주일에 한 번 돌아보는 루틴. 처음엔 작고 느려도, 뇌는 반복된 행동을 더 신뢰하고, 기저핵은 '이건 네가 원래 하는 일이야'라는 방식으로 구조를 고정한다. 이 회로가 쌓이면, 의지가 없어도 행동은 멈추지 않는다.

가난한 뇌는 반대 방향으로 작동한다. 전전두엽은 감정에 휘둘려 꺼지고, 기저핵은 회피와 즉각 보상을 자동화한다. 매번 결심은 좋지만, 구조가 없으니 유지되지 못하고, 반복할 수 없으니 방향도 흐려진다. 결국 목표는 '밤을 새우면서 막판에 해야 잘 쓸 수 있어'라는 회로

속에 던져지고, 뇌는 다음에도 같은 결과를 예고한다.

부자 뇌는 목표가 흔들리는 것을 감정의 문제가 아니라 구조의 문제로 본다. 감정은 흔들릴 수 있으니, 뇌는 그 위에 기억 가능한 루틴을 설계한다. 작은 루틴 하나가 감정을 넘어설 수 있도록, 루틴이 회로가 되도록 구조를 반복한다. 그리고 그 반복이 쌓일수록, 목표는 무너지지 않고 굳건해진다.

목표는 의지가 끝까지 붙잡는 것이 아니라, 회로가 끝까지 밀어주는 것이다. 뇌는 감정보다 구조를 따른다. 습관의 루틴! 계획은 바뀔 수 있어도, 습관의 루틴이 남으면 뇌는 끝까지 그 방향을 기억한다.

구체적인 감정 훈련으로 회로를 바꾸라

아침에 눈을 떴는데, 이유 없이 기분이 가라앉아 있다. 어제 별일 없었고, 오늘도 별일 없을 예정이지만, 이상하게 세상이 납작하고 무겁게 느껴진다. 이럴 때 우리는 스스로에게 묻는다. "왜 이렇게 부정적으로만 생각할까?" 그런데 뇌는 말한다. 그건 '성격'이 아니라, '회로' 때문이라고.

뇌는 감정을 기억하고, 자주 느낀 감정을 기준 삼아 세상을 해석한다. 세로토닌은 그 감정의 재구성에 관여하는 대표적인 신경전달물질이다. 단지 기분을 좋게 만드는 게 아니라, 우리가 자극을 어떻게 받아들이고 해석할지를 결정하는 뇌의 '정서 필터' 역할을 한다. 낙관주의란 결국, 이 필터가 맑은 방향으로 세상을 번역해내는 능력이다.

중요한 건, 이 능력이 훈련된다는 사실이다. 뇌는 반복된 경험을 바탕으로 시냅스를 새롭게 연결하고, 감정 회로를 조정한다. 한 번의 기쁨은 기억에 머물지만, 자주 반복된 기쁨은 회로가 된다. 그리고 이 회로는 미래에 닥칠 일조차 덜 위협적으로 해석하게 만든다. 낙관주의는 그저 긍정적으로 생각하는 기술이 아니라, 위기를 다른 각도로 바라보게 하는 뇌의 생존 전략이다.

낙관적인 사람은 현실을 무시하지 않는다. 단지 그 현실을 해석하는 방향이 다를 뿐이다. 똑같은 상황에서 '망했다'고 말하는 뇌와, '이번엔 좀 꼬였네, 다시 해보자'라고 말하는 뇌의 차이는 세로토닌 회로의 유연성에서 비롯된다. 뇌는 감정을 따라가지 않고, 감정 패턴을 쫓는다. 그리고 패턴은 반복으로 만들어진다.

가난한 뇌는 실패를 기록하고, 실망을 저장하며, 감정을 뭉쳐둔다. 그러다 결국 '나는 안 되는 사람'이라는 결론에 다다른다. 뇌는 이 낙인을 반복해서 상기시키고, 새로운 기회 앞에서도 과거 감정의 회로로 반응한다. "이번도 비슷하겠지", "예전에도 안 됐잖아", 이 말들은 자기 확신이 아니라 신경 회로의 자동화 반응이다.

반면 부자 뇌는 감정을 다르게 구성한다. 같은 실패도 하나의 이야기로 정리하고, 같은 상황을 다르게 해석하며, 한 문장 다르게 말하는 습관을 지닌다. "예전엔 이랬지만, 지금은 좀 다르다", "그땐 힘들었지만, 결국 지나왔잖아". 이런 문장은 뇌에게 회복을 지시하는 언어다. 반복되면 뇌는 그 말을 현실처럼 받아들인다.

낙관주의는 유전이 아니라 루틴이다. 감정 훈련은 구체적일수록 효과가 크다. 감사 일기, 작지만 반복된 성취 기록, 긍정적인 감정의 이름 붙이기 등 이런 단순한 루틴은 세로토닌 분비를 안정화시키고, 시냅스를 재정렬한다. 뇌는 이런 감정의 루틴을 따라 새로운 회로를 만든다.

그리고 그 회로는 '나는 다시 해볼 수 있는 사람'이라는 감정 기반의 정체성을 설계한다.

결국 낙관이란, 바보처럼 웃는 태도가 아니라 해석을 다시 시도하는 기술이다. 지금 상황이 별로 좋지 않더라도, 그 안에서 다시 바라보는 여백을 남길 줄 아는 능력이다. 뇌는 그 여백을 기억하고, 반복된 해석을 통해 '그럴 수도 있겠다'는 여지를 확장해 나간다.

회피보다 계산하는 뇌를 만들라

어떤 사람은 새로운 기회를 눈앞에 두고도 물러선다. 또 어떤 사람은 같은 상황에서 오히려 한 발 더 다가선다. 누군가는 '망하면 어쩌지'를 떠올리고, 또 누군가는 '한번 해보면 어떨까?'를 먼저 상상한다. 같은 자극, 같은 상황인데 반응은 다르다. 이건 성격의 문제가 아니다. 뇌의 회로가 다르기 때문이다.

회피하는 뇌는 감정이 판단보다 먼저 반응한다. 불확실한 자극이 감지되면, 편도체가 위험 신호를 키우고 전전두엽은 발언 기회를 잃는다. 뇌는 실행보다 회피를 택하고, 판단보다 감정이 앞선다. 그렇게 뇌는 빠르고 자동적으로 말한다.

"하지 마."

회피 회로의 특징은 예측 불가능한 감정을 '실패의 전조'로 간주한다는 데 있다. 낯선 기분, 초조함, 약간의 두려움이 올라오면 뇌는 그 불편을 피하는 방향으로 빠르게 선택을 바꾼다. 그러니까 회피하는 뇌는 논리적으로 위험을 따지는 뇌가 아니라, 감정적으로 리스크를 부풀리는 뇌다.

반면, 계산하는 뇌는 위험을 감지하되, 그 안에 들어있는 구조를 먼저 본다. 전측대상회(ACC, Anterior cingulate cortex)는 자극을 감지하면서도 즉시 회피하지 않고, '이건 감당 가능한가?', '어디까지가 진짜 리스크고, 어디부터가 과잉 해석인가?'라는 질문을 전전두엽으로 넘긴다. 도파민 시스템은 동시에 보상을 예측하고, 전전두엽은 그 가능성을 시뮬레이션하며 판단을 확장한다.

계산하는 뇌는 '두려움을 느끼지 않는 뇌'가 아니다. 그 두려움을 데이터처럼 다룰 수 있는 뇌다. 감정은 감정대로 인정하고, 그 위에 판단을 덧붙인다. 그래서 이 뇌는 도망치지 않고, 전략을 짠다. 불편한 감정은 버려야 할 것이 아니라 해석 가능한 신호가 된다.

가난한 뇌는 이 회로를 쓰지 않는다. 불안이 올라오면 뇌는 자동으로 정지하고, 새로운 선택은 위협처럼 느껴지고, 반복된 실패 기억은 판단을 마비시킨다. 뇌는 '되던 일이 안 됐다'는 기억보다, '불안했는데 역시 망했다'는 감정의 연결을 더 강하게 기억한다. 그래서 다시 비슷한 자극이 오면 뇌는 분석보다 회피를 먼저 호출한다.

반대로 부자 뇌는 감정을 해석한다. 위험하다는 감정을 느끼되, 그 감정이 상황 전체를 정의하지 못하도록 전전두엽에 권한을 준다. '두렵지만 계산기를 제대로 두들겨보자', 이 짧은 말 하나가 회피 회로를 끄고 계산 회로를 켠다. 두려움은 줄지 않아도, 그 안에서 움직임이 시작된다.

결국 리스크는 모두에게 찾아온다. 다른 건 회로다. 어떤 뇌는 감정을 피해 멈추고, 어떤 뇌는 감정 속에서 데이터를 분리한다. 감정이 흐르면 그저 지나가지만, 계산된 판단은 현실을 바꾼다. 회피는 감정을 줄이고, 계산은 선택지를 넓힌다.

당신 안에도 두 개의 뇌가 있다. 하나는 벌써 겁먹고 도망갈 핑계를 찾고 있고, 다른 하나는 조용히 계산기를 두드리며 가능성을 따지고 있다. 오늘 어느 뇌를 따를 것인가.

자기효능감, 감정 조절력, 목표 지향성

성공한 사람들의 뇌는 다르다. 단번에 뭔가를 해내는 능력보다, 흔들려도 다시 방향을 잡는 능력이 있으며, 실패를 끝으로 받아들이지 않고, 다음 시뮬레이션의 데이터로 삼는 능력이 있다. 그 능력은 성격도, 재능도 아니다. 뇌 회로의 차이다.

뇌과학은 말한다. 자기효능감, 감정 조절력, 목표 지향성, 이 세 개의 회로가 연결되었을 때 뇌는 '실패해도 전진할 수 있는 구조'를 갖게 된다. 이 회로는 처음부터 주어진 게 아니라, 반복과 경험으로 설계되는 전략적 연결망이다.

먼저 자기효능감이다. '나는 할 수 있다'는 믿음은 전전두엽의 작동이다. 특히 내측 전전두엽은 미래의 나를 시뮬레이션하고, 가능성 있는 경로를 미리 계산한다. 이 회로가 활성화될수록 뇌는 '실패 확률'보다 '성공 가능성'을 중심으로 선택지를 구성한다. 낙관은 착각이 아니라 전략이다. 기대는 회로다.

두 번째는 감정 조절력의 회로다. 위기 상황에서 멘탈이 무너지는 사람과 그렇지 않은 사람의 차이는 감정이 아니라 감정 처리 방식이다. 전측대상회(ACC)는 편도체에서 올라오는 감정 신호를 받아들이면서도, 전전두엽 쪽에 해석 명령을 넘긴다. 불안을 '판단'으로 번역하는 이 회로가 있기에, 뇌는 감정에 압도당하지 않고 전략을 계속 유지할 수 있다.

전측대상회는 대뇌피질의 앞쪽에 위치한 구조로, '내가 지금 뭔가 이상하다고 느낄 때', 혹은 '두 가지 선택 사이에서 갈등을 느낄 때' 아주 활발하게 작동한다. 쉽게 말해, 감정과 이성 사이의 중재자 역할을 하는 셈이다.

세 번째는 목표 지향성의 회로다. 전전두엽과 기저핵을 잇는 회로에서 도파민은 일종의 동기 연료처럼 작용한다. 목표가 뚜렷할수록 뇌는 그 보상을 미리 당겨와서 시뮬레이션하고, 그 시뮬레이션은 현재의 행동을 정렬시킨다. 뇌는 지금의 불편함을 장기 보상의 일부로 받아들이고, 선택의 순서를 재정렬한다. 이게 장기 추구형 뇌다.

이 세 회로는 따로 작동하지 않는다. 자기효능감은 감정 조절력을 강화시키고, 감정 조절은 목표 지향성을 지탱하며, 목표 지향성은 다시 자기효능감을 부른다. 물고 물리는 연쇄적 연결고리라고 보면 된다. 뇌는 그렇게 하나의 방향성을 중심으로 설계된다. 그 방향은 단 하나다. 앞으로 나아가는 뇌, 도전을 피하지 않는 뇌, 실패에도 다시 연결하는 뇌.

가난한 뇌는 쉽게 확신을 꺼내지 못한다. "나는 원래 그런 사람이 아냐", "이런 건 잘하는 사람이 따로 있지" 같은 말은 회로의 방어기제다. 한두 번의 실패가 '불가능'으로 저장되고, 감정이 판단을 덮어버리면, 전두엽은 선택을 포기한다. 회로가 멈추는 순간, 그 사람도 멈춘다.

반면, 부자 뇌는 느리지만 끈질기다. 감정을 허용하면서도 휘둘리지 않고, 계획을 수정하면서도 방향은 유지하며, 결과가 아니라 진행 중이라는 상태에 집중한다. 그래서 성공은 운이 아니라 회로의 밀도다. 의도된 반복, 회복된 감정, 그리고 도달 가능성을 믿는 구조. 결국 뇌가 먼저 그렇게 움직이기 시작할 때, 성공은 따라온다.

오늘 하루 내가 시도한 것들이 작고 허술해 보여도 괜찮다. 뇌는 이미 그 방향을 기억한다. 그리고 그 방향이 계속해서 반복되면, 감정과 판단, 행동의 회로는 하나의 패턴을 형성한다.

위기에서 가능성 계산하는 뇌로 만들기

민수는 창업을 준비하다 투자자에게 거절당했다. 발표 자료도 완성도 있었고, 시장 조사도 나름 철저히 했다. 그런데 거절 당하자 그는 바로 결론을 내렸다. '역시 난 안 되는 사람이야. 세상은 나 같은 사람을 원하지 않아.' 그 후로 민수는 사업 아이디어를 떠올릴 때마다 투자를 거절당하던 장면이 떠올랐다. 회피하고, 미루고, 결국 아무것도 시작하지 않았다.

역시 창업을 준비하던 지은도 같은 투자자에게 거절당했다. 표정은 굳었지만, 그녀는 스스로에게 질문했다. '왜 거절했을까? 내가 놓친 게 있을까?', '다른 사람은 이런 피드백을 어떻게 활용할까?' 그리고 같은 주에 또 다른 피칭(Pitching, 기획 개발 단계의 프로젝트를 공개하고 설명하는 일종의 투자설명회) 자리에 섰고, 세 번째 시도에서 처음으로 작은 투자를 유치할 수 있었다.

두 사람 모두 같은 좌절을 겪었다. 하지만 민수의 뇌는 '생존 모드'로 전환했고, 지은의 뇌는 '가능성 모드'로 열렸다. 이 차이는 성격도, 운도 아니다. 질문을 던지느냐, 포기하느냐, 뇌가 어떤 회로를 먼저 작동시켰는가의 차이였다.

답이 없다고 느낄 때, 정말 없는 건 뭘까? 상황일까, 기회일까? 아니면 뇌가 꺼버린 선택지일까? 뇌는 위협 앞에서 본능적으로 수축한다. 위기를 생존의 문제로 해석하는 순간, 뇌는 질문을 멈추고 반응만 남긴다. 이 상태를 생존 모드라고 부른다. 그리고 많은 사람은 이 모드에서 너무 오랫동안 멈춰 있다.

가난한 뇌는 위기를 만났을 때 멈추거나 피한다. '지금은 아니야', '괜히 나섰다가 더 망쳐', '나는 원래 이런 건 안 돼'. 이 말들은 게으름이나 두려움의 산물이 아니다. 뇌가 생존 모드에 들어섰다는 신호다. 편도체가 위협을 감지하고, 전전두엽이 일시적으로 꺼지고, 판단은 단순화된다. 뇌는 살아남는 법만 기억하고, 살아나갈 길은 지운다.

이 상태의 뇌는 정보마저도 다르게 해석한다. 낯선 기회는 위험처럼 보이고, 새로운 말은 위협처럼 들린다. 이때 도파민 회로는 비활성화되기 때문에 보상 기대는 사라지고, 행동은 더욱 움츠러든다. 결국 선택지는 한 줄로 줄어든다. '하지 마.' 뇌는 그렇게 현실을 단순화하고, 사람은 그렇게 삶을 축소한다.

반대로 부자 뇌는 같은 위기를 다르게 본다. 두려움이 올라오더라도 전측대상회가 활성화되고, 판단은 유지된다. "이 상황에서 내가 할 수 있는 건 뭘까?", "내가 모르는 선택지가 남아 있진 않을까?". 부자 뇌는 문제에 빠지기보다 문제 바깥을 바라본다. 위험은 위협이 아니라 분석 대상이 되고, 감정은 판단을 덮지 않고 곁에서 거든다.

이 차이를 만드는 건 단순한 지능이 아니다. 정보 처리의 방향성이다. 생존 모드의 뇌는 정보를 걸러내고, 가능성 모드의 뇌는 정보를 수집한다. 이 차이는 결국 사고의 확장성과 회복탄력성에서 결정적인 차이를 만든다. 두려움을 줄이는 게 아니라, 두려움 속에서도 선택지를 떠올릴 수 있는 뇌를 만드는 게 핵심이다.

이 회로는 반복으로 훈련된다. 자주 질문하는 사람, 자주 다른 가능성을 상상해본 사람, 작은 실패에도 '다른 방법이 있을지도 몰라'라고 중얼거려본 사람, 이런 반복이 뇌의 연결을 바꾸고, 회피 회로를 해석 회로로 전환시킨다. 결국 성공한 사람들의 뇌는 기회가 더 많아서가 아니라, 기회를 더 많이 보게 설계되어 있다.

선택지를 넓히는 뇌는 똑똑한 뇌가 아니라 열린 뇌다. 불확실성 속에서도 한 문장을 더 떠올리고, 한 질문을 더 던지고, 한 번쯤 '혹시'를 생각하는 뇌다. 부자 뇌는 '정답'을 고집하지 않고, '가능성'을 떠올린다. 그렇게 열려 있는 뇌는 닫혀 있는 삶을 조금씩 바꾼다.

오늘도 뭔가 막힌 느낌이 든다면, 질문을 바꿔야 할 때다. '이게 끝일까?'가 아니라 '이건 어떤 시작이 될 수 있을까?'로. 뇌는 그 차이를 정확히 기억한다. 그리고 그 질문이 반복될 때, 우리 뇌는 위기 앞에서 선택지를 닫는 대신, 조금씩 열어가기 시작한다. 가능성 모드는 그렇게 열린다.

반복 습관으로 시냅스 강화하기

매일 똑같은 시간에 알람으로 깨고, 같은 컵에 커피를 따르고, 어제와 다르지 않은 생각을 되뇌며 하루를 시작한다. 별다를 것 없는 이 반복이, 사실은 뇌를 다시 쓰는 작업이다. 뇌는 새롭고 특별한 자극보다, 반복되는 신호에 반응하도록 설계돼 있다. 내가 매일 하는 것이 결국 뇌가 나라고 믿는 것이다.

뇌의 시냅스는 말하자면 감각과 감정, 생각과 행동이 오가는 고속도로다. 자주 사용하는 길은 넓어지고 빨라진다. 쓰지 않는 길은 점점 사라진다. 이걸 시냅스 강화(synaptic potentiation)라고 한다. 뇌는 에너지를 절약하기 위해 자주 가는 길을 기본 경로로 설정한다. 그리고 우리는 그 경로를 습관이라고 부른다.

처음엔 어색했던 행동이 어느 순간 자동 반복된다면, 그건 뇌가 '이건 네가 자주 쓰는 거니까 빠르게 처리할게'라고 회로를 고정시킨 것이다. 그러니 반복은 단순한 실행이 아니라, 선택의 우선순위를 결정하는 뇌의 구조 설계다. 어떤 감정을 더 자주 느끼는가, 어떤 생각을 먼저 떠올리는가도 모두 반복된 회로가 결정한다.

가난한 뇌는 익숙한 회로에서만 움직인다. 부정적인 예측, 자기 검열, 포기 습관이 매일 반복되면 뇌는 그 경로를 강화하고, 점점 '나는 원래 그런 사람'이라는 정체성을 덧씌운다. 뇌는 실패 자체보다 실패를 자주 떠올리는 회로를 더 강하게 기억한다. 결국 감정도 사고도 정체성도 회로가 만든다.

반면, 부자 뇌는 반복 가능한 구조를 의도적으로 훈련한다. 사소해 보이지만 지속 가능한 행동들, 이를테면 정리하기, 숨 고르기, 쓰고 정리하기, 미루기 전에 한 번 말로 해보기 등. 이런 행동은 처음에 작고 무력해 보이지만, 반복될수록 뇌는 '이게 이 사람의 본래 행동'이라고 판단해서 시냅스를 재배선한다. 결국, 그 회로가 그 사람이 된다.

중요한 건 반복의 크기가 아니라, 방향이다. 뇌는 오늘 5분이 어제 0분보다 낫다는 걸 안다. 1회라도 반복된 행동은 0회보다 뇌를 더 많이 움직인다. 회로는 애쓰지 않아도 자주 쓰는 방향으로 바뀐다. 그러니 의지보다 더 중요한 건 '버틸 수 있는 루틴'이다. 반복은 무겁지 않아야 오래간다.

감정도 마찬가지다. 부정적인 감정은 그냥 떠오르는 게 아니라 자주 반복된 것이다. 불안은 회로이고, 짜증도 회로이고, 의심 역시 회로다. 반대로 고맙다, 괜찮아라는 긍정적인 말과 태도도 반복되면 회로가 된다. 뇌는 '느낀 감정'보다 '자주 꺼낸 감정'을 더 강하게 기억한다.

결국 뇌는 매일의 선택을 쌓아서 나를 만든다. 내가 자주 하는 말,

자주 하는 생각, 자주 하는 감정이 시냅스를 강화하고, 시냅스는 회로를 만들고, 회로는 나의 기본값을 결정한다. 그러니 나를 바꾸고 싶다면, 하루 1%라도 반복을 바꾸면 된다. 그 사소한 변화가 반복될수록, 뇌는 조용히 나를 새로 기억하기 시작할 것이다.

운동·식단·수면이 뇌를 설계한다

아침에 눈을 떴을 때 머리가 무겁고, 아무 생각도 정리되지 않는 날이 있다. 집중하려 해도 안 되고, 해야 할 일 앞에서 몸이 먼저 거부한다. 이런 날, 문제는 머리가 아니라 몸이다. 뇌는 독립적인 사고 기관이 아니다. 몸과 연결된 생물학적 결과물이다. 생각은 뇌에서 시작되지 않는다. 몸에서 시작된다.

운동, 식단, 수면, 이 세 가지는 뇌에게는 루틴이 아니라 작동 조건이다. 뇌는 이 세 신체 리듬을 기준으로 회로를 켰다 끄고, 판단과 감정, 집중력을 조정한다. 그래서 하루를 잘 살고 싶다면, 뇌를 설계하려 하지 말고 먼저 몸을 정비해야 한다.

운동은 뇌를 깨우는 가장 빠른 도구다. 단 20분의 유산소 운동만으로도 BDNF(Brain-Derived Neurotrophic Factor, 뇌유래신경영양인자, 일명 두뇌 비료)가 증가하고, 해마와 전전두엽의 연결이 강화된다. BDNF 뇌세포(뉴런)에게 '연결하라, 회복하라' 같은 신호라고 보면 된다. 너무 스트레스를 받거나, 우울감이 심하거나, 무기력한 상태가 오래가면 BDNF 수치가 떨어지고, 반대로 운동, 명상, 감정 조절을 잘하면 BDNF가 올라간다. 움직일 때 뇌는 '지금은 생존이 아니라 탐색의 시간'이라 판단하고, 집중력과 실행력이 깨어난다. 몸이 먼저 움직이면, 뇌는 그 방향으로 사고를 정렬하기 시작한다.

우리가 먹는 음식의 식단은 회로의 재료다. 장내 미생물 상태가 감정 회로에 영향을 미친다는 건 이제 상식에 가깝다. 혈당이 안정되고, 뇌에 필요한 아미노산과 지방산이 공급될 때, 뇌는 감정이 덜 흔들리고 판단이 더 부드럽게 작동한다. 설탕과 인스턴트 음식이 과도한 날, 감정이 더 거칠고, 선택이 더 충동적인 건 우연이 아니다. 먹는 것이 곧 회로이기 때문이다.

수면은 뇌의 편집 시간이다. 낮 동안 받아들인 자극과 감정, 정보는 수면 중 가지치기가 되고, 다음 날 사용할 핵심 회로만 남는다. 수면이 부족하면 전전두엽은 멈칫하고, 감정 조절은 약해지고, 뇌는 판단이 아닌 반응에 가까운 결정을 내린다. 뇌는 자는 동안 스스로를 리셋한다. 잠은 휴식이 아니라 구조 조정이다.

가난한 뇌는 이 세 가지 리듬을 '생활의 부속품' 정도로 여긴다. 시간이 없어서 안 움직이고, 아무거나 먹고, 자는 것도 늘 뒤로 미룬다. 문제는 그게 반복되면 뇌가 그걸 '기본값'으로 인식한다는 점이다. 몸이 흐트러질수록, 뇌의 집중력은 흩어지고, 감정은 예민해지며, 선택은 급해진다.

반면, 부자 뇌는 몸을 전략적으로 관리한다. 규칙적인 움직임으로 전두엽을 깨우고, 음식으로 보상 회로를 안정시키고, 수면으로 감정 회로를 정리한다. 이 리듬은 단순한 건강 루틴이 아니다. 판단력과 사고력을 자동화하는 회로 설계의 기반이다. 결국 잘 생각하는 사람은, 몸부터 잘 다루는 사람이다.

뇌는 몸이 만들어놓은 틀 안에서 움직인다. 에너지가 고갈된 뇌는 불안해지고, 수면 부족의 뇌는 감정에 쏠리고, 영양이 엉킨 뇌는 선택지를 줄인다. 반대로 에너지가 충전된 뇌는 감정을 다루고, 사고를 확장하고, 더 오래 집중할 수 있다. 신체 루틴은 곧 회로 설계도면이다.

지금 머리가 흐릿하고, 삶이 막힌 듯 느껴진다면, 뇌를 분석하기 전에 몸부터 점검해보자. 물을 마셨는지, 몸을 움직였는지, 잠을 제대로 잤는지, 루틴 하나가 바뀌면 뇌 하나가 깨어난다. 몸을 다루는 법을 아는 사람이, 결국 생각을 오래 다루는 사람이 된다.

위기를 '결정 가능한 정보'로 바라보기

투자를 앞두고 망설일 때, 새로운 일을 시작하다 발을 빼려 할 때, 우리 안에서는 같은 감정이 고개를 든다. '혹시 망하면 어쩌지?', '괜히 덤볐다가 손해만 보는 거 아냐?' 이 두려움은 본능이지만, 동시에 하나의 회로 반응이다. 뇌는 위험을 피하도록 설계되어 있다. 다만, 피할 것인가 계산할 것인가는 전혀 다른 문제다.

리스크를 감지하면 가장 먼저 반응하는 곳은 편도체. 하지만 그 다음이 중요하다. 전측대상회는 그 위기 상황을 분석하고, '이 선택에 따라 어떤 결과가 나올 수 있는지'를 비교 계산하기 시작한다. 뇌는 단순히 공포를 느끼는 게 아니라, 리스크를 받아들일지 판단하는 전략적 좌석에 앉아 있는 것이다.

이때 도파민 회로는 또 다른 축이다. 뇌는 단지 위험을 피하고 싶은 게 아니다. 보상이 예측될 때, 그 불확실성조차 감내할 수 있다. 미래의 이득에 대한 기대가 클수록, 뇌는 도파민을 분비하며 '이건 해볼 만한 도전이야'라는 신호를 준다. 그래서 도파민은 충동의 물질이 아니라, 예측 가능한 보상 앞에서 리스크를 조절하는 회로의 스위치다.

가난한 뇌는 위험을 정면으로 보지 않는다. "예전에도 되지 않았어", "이건 나 같은 사람이 할 수 있는 일이 아니야". 뇌는 과거의 실패 경험을 바탕으로 리스크 자체를 닫아버리고, 반복 가능한 루틴 속으로 돌아가려 한다. 그 루틴이 안전하지 않아도, 뇌는 예측 가능한 손해를 불확실한 기회보다 더 선호한다.

반대로 부자 뇌는 위기를 '결정 가능한 정보'로 바라본다. 감정이 반응하더라도 전측대상회(ACC)를 작동시키고, 이 리스크가 어떤 변수로 움직이는지, 내가 감당 가능한 손실 범위는 어디까지인지, 시나리오 A와 B를 조용히 비교한다. 감정은 차단하지 않고 참고로 삼고, 판단은 회로 위에서 조정한다. 이게 계산하는 뇌다.

이 회로는 훈련된다. 처음엔 반사적으로 움츠러들던 뇌도, 작은 시도와 분석, 복기와 조정을 반복하면 점점 리스크에 반응하는 방식 자체를 바꾼다. 도전의 결과보다, 그 결과를 뇌가 어떻게 해석하고 반응했는지가 더 중요해진다. 그래서 리스크 감내력은 용기가 아니라, 반복되는 회로의 숙련도에서 비롯된다.

실제로 리스크를 효과적으로 관리하는 사람은 ACC의 활성도가 높고, 도파민 반응이 보상의 '가능성'에 더 정밀하게 반응한다. 그들은 감정을 느끼되 그것에 지배당하지 않고, 판단을 연기하지 않는다. 중요한 건 두려움이 아닌 두려움 후의 질문이다.

"이건 정말 위험한가, 아니면 단지 불확실한가?" 이 질문이 전측대상회를 깨운다. "만약 실패해도 내가 감당할 수 있는 손해는 어디까지 인가?" 이 질문이 도파민 시스템을 이성적으로 조절한다. 리스크를 다룰 수 있는 뇌는 이 질문을 습관처럼 반복하는 뇌다. 이처럼 반복되는 질문은 회로가 되고, 회로는 선택을 바꾼다.

결국 리스크란 '없애야 할 대상'이 아니라, 구조화하고 해석해야 할 정보다. 회피는 본능이고, 계산은 훈련이다. 불확실함을 감내하고, 결과를 시뮬레이션하며, 가능성과 실패를 동시에 품는 뇌는 더 멀리 나아감을 명심하라. 그리고 그 시작은 한 번의 도약이 아니라, 한 번의 냉정한 계산이다.

일론 머스크는 로켓 공학을 정식으로 배운 적이 없다.
개발자도, 과학자도 아니었다.
하지만 그는 '스페이스X'를 세웠고,
인류 최초로 민간 기업이 우주 발사체를
국제우주정거장에 도킹시키는 데 성공했다.
모두가 불가능하다고 말할 때,
그는 '로켓을 쏘아 올리면 되지 않나?'라는
단순한 문장을 반복했다. 말은 쉬웠고, 현실은 무모했다.
하지만 그는 현실에 맞추지 않고, 언어에 맞춰
뇌를 설계해 나갔다. 그가 만든 건 로켓이 아니라
회로였고, 그 회로는 '된다'는 언어에서 시작됐다.

chapter 4

속여야 오래 간다,
뇌를 설계하는
거짓말

뇌를 속이는 자기암시,
습관 설계 전략

뇌는 먼저 느끼고, 나중에 생각한다

27세 재현은 취업준비생이다. 아침에 눈을 떴는데 방은 어젯밤 그대로였다. 덜 마신 커피잔, 침대 위에 던져진 옷, 켜진 채 잠든 스탠드 조명, 그리고 뭐부터 해야 할지 몰라 쿵쿵대는 자신… 책상 앞에 앉았지만 집중이 안 됐다. 갑자기 오늘 하루가 무의미하게 느껴졌고, 그 무의미함이 재현의 자존감을 갉아먹었다. 전날 밤 분명히 "내일은 꼭 바뀌어야지"라고 다짐했던 자신이다. 마음은 있었는데 몸이 움직이지 않았다. 그날 밤, 재현은 생각했다. "나는 의지가 약한 걸까, 아니면 내 뇌가 뭔가를 놓치고 있는 걸까?"

우리는 변화가 감정에서 시작한다고 믿는다. 다짐하고, 반성하고, 의욕이 오르기를 기다린다. 하지만 뇌는 감정보다 먼저 반응하는 입력값을 가지고 있다. 바로 감각 자극이다. 우리가 무심코 지나치는 공기, 소리, 빛, 온도, 냄새 같은 모든 감각은 전전두엽보다 앞서 감정 회로를 켜고, 행동 회로를 이끈다. 뇌는 먼저 느끼고, 나중에 생각한다.

감정은 해석이 필요하다. 언어가 필요하고, 시간이 걸린다. 하지만 감각은 즉각적이며 강력하고, 방향성을 가진다. 바닥에 맨발을 딛는 순간, 눈앞의 사물이 가지런히 정돈된 순간, 조명이 따뜻하게 바뀌는 그 순간, 뇌는 이미 그 자극을 '안전하다'는 환경 신호로 해석한다. 생각보다 먼저 몸이 반응하고, 그 반응이 곧 회로를 이끈다.

그래서 공간 설계가 중요하다. 뇌는 무질서한 시야를 '미완료' 상태로 받아들이고, 반복되는 시각 자극에 감정적 피로를 느낀다. 바닥에 흩어진 물건, 덜 닫힌 서랍, 눈앞을 가로지르는 케이블은 모두 뇌에 '아직 정리가 안 됐다'는 경고음을 낸다. 반대로 여백이 있는 공간, 군더더기 없는 배치, 규칙적인 조명은 전전두엽의 실행 회로를 깨우고, '지금은 행동할 수 있는 시간'이라는 신호를 보낸다.

가장 빠른 감정 자극은 냄새다. 후각은 해마와 편도체로 곧장 연결되어 있어 특정 향은 감정을 즉시 움직인다. 아침의 나무 냄새, 책상 위의 라벤더 오일, 집 안에 맴도는 커피 향은 의식적 판단 없이도 뇌의 기분을 바꾸고 집중력을 높이며 스트레스를 낮춘다. 후각은 뇌에게 '지금은 괜찮아'라고 속삭이는 감각 언어다.

촉감 역시 강력한 회로 자극이다. 손끝에 닿는 재질, 몸에 감기는 이불, 발바닥으로 느껴지는 바닥의 질감은 '안정'이라는 회로를 만들어낸다. 부드럽고 따뜻하며 약간의 무게감이 있는 촉감은 편도체의 경계를 낮추고, 전전두엽의 판단력을 회복시킨다. 뇌는 고요한 촉감을 '준비된 시간'으로 인식한다.

그리고 리듬도 중요하다. 우리가 자주 듣는 음악의 박자, 반복되는 소리, 일정한 루틴 안에서의 리듬감 있는 행동들, 예컨대 글쓰기 전 커피 내리기, 걷기 루틴과 함께하는 한 곡의 음악, 감정 정리를 위한 짧은 호흡의 리듬. 이 모든 것이 도파민 회로를 예열하는 점화 장치다. 리듬은 뇌에게 '지금부터 시작할 수 있다'는 행동 유도 신호가 된다.

가난한 뇌는 이 감각 회로의 중요성을 놓친다. 공간은 흐트러져 있고, 소음은 일상처럼 깔려 있으며, 향과 촉감은 부차적인 것으로 밀려나 있다. 그 결과 뇌는 늘 주의가 산만하고, 감정은 불안정하며, 행동은 미루어진다. 환경이 그대로라면, 의지만으로는 회로를 바꿀 수 없다. 감각 입력이 흐트러져 있다면, 실행은 뇌 안에서 길을 잃는다.

반대로 부자 뇌는 감각을 설계한다. 조명 하나, 향 하나, 질감 하나를 반복 가능한 루틴으로 고정해두고, 뇌가 즉시 반응할 수 있는 회로를 구성한다. 감각은 감정보다 빠르고, 생각보다 오래간다. 그 감각이 일관될수록 뇌는 '지금은 괜찮다'는 신호를 점점 더 정확히 기억한다.

지금 당신의 공간은 어떤가. 눈앞의 장면, 손끝의 감촉, 잠들기 전의 소리, 눈을 뜰 때의 빛, 하루 시작에 떠오르는 냄새. 이 모든 것이 이미 당신 뇌의 감정 상태와 판단 능력을 결정짓고 있을 수 있다.

회로를 바꾸고 싶은가? 그렇다면 감각부터 정비하라. 감정이 올라오기 전에, 뇌는 이미 촉각과 냄새와 리듬의 패턴 안에서 회로를 준비하고 있다. 그리고 그 감각이 반복될 때, 뇌는 마침내 그 루틴을 '안전하다'고 기억한다.

반복된 언어가 뇌의 회로를 바꾼다

사람의 생각은 대부분 의지로 이루어지는 것 같지만, 실제로는 무의식 속에서 자동으로 재생되는 회로가 대부분을 차지한다. 그 회로는 과거에 반복된 감정과 언어, 익숙한 판단 패턴에 의해 형성되며, 우리는 그 회로가 제공하는 감정과 해석에 따라 결정을 내리고 행동을 선택한다. 만일 삶을 바꾸고 싶다면, 새로운 지식을 입력하는 것보다 먼저 나의 뇌가 어떤 언어에 길들어 있는지부터 점검해야 한다.

뇌는 반복된 언어를 기준값으로 삼는다. '나는 안 돼', '난 늘 부족해', '그건 무리야' 같은 말들이 무심코 떠오르는 이유는, 내가 그 문장을 무의식적으로 수천 번 반복했기 때문이다. 반대로 '나는 충분히 할 수 있어', '나는 이미 1천억을 벌었다', '나는 가치를 만들어내는 사람이다' 같은 문장을 반복하면, 처음엔 거짓말 같아도 어느 순간부터 뇌는 그 문장을 새로운 명령으로 받아들이기 시작한다.

일론 머스크는 로켓 공학을 정식으로 배운 적이 없다. 개발자도, 과학자도 아니었다. 하지만 그는 '스페이스X'를 세웠고, 인류 최초로 민간 기업이 우주 발사체를 국제우주정거장에 도킹시키는 데 성공했다. 모두가 불가능하다고 말할 때, 그는 '로켓을 쏘아 올리면 되지 않나?'라는 단순한 문장을 반복했다. 말은 쉬웠고, 현실은 무모했다. 하지만 그는 현실에 맞추지 않고, 언어에 맞춰 뇌를 설계해 나갔다. 그가 만든 건 로켓이 아니라 회로였고, 그 회로는 '된다'는 언어에서 시작됐다.

그 회로는 어릴 때부터 작동 중이었다. 머스크는 어린 시절 상상력이 폭발하던 책벌레였다. 도서관에서 하루종일 살다시피 하며 책을 읽었다. 가장 좋아한 책은 아이작 아시모프의 『파운데이션』이었다. 문명이 붕괴한 뒤 지식으로 다시 미래를 세우는 이야기다. 그는 이 소설을 통해 '인류의 생존 가능성은 확장 가능해야 한다'는 생각을 처음 품었다. 당시엔 말 그대로 '꿈'이었다. 하지만 이 꿈은 점점 '설계'가 되었고, 언젠가 현실을 수정하려는 코드처럼 그의 사고방식 속에 남았다.

성인이 된 후 그는 이렇게 말했다. "나는 화성에서 죽고 싶다. 착륙 중만 아니면 돼." 그의 말은 농담이 아니었다. 그는 정말로 화성 이주를 인류의 미래라고 믿었고, 인류가 하나의 행성에만 의존해서는 안 된다고 생각했다. 2001년, 그는 NASA가 왜 더 이상 달에도, 화성에도 가지 않는지 의아해하며 직접 러시아에 가서 폐기된 ICBM을 사오려고 했다. 그가 상상한 '화성에서 식물을 재배해보는 실험'을 실현하기 위함이었다. 하지만 그는 조롱만 당했고, 빈손으로 돌아왔다. 그때 그는 말했다. "그럼 내가 만들어야겠네". 그렇게 탄생한 것이 스페이스X다.

무언가를 꿈꾼다는 건 언젠가 그것을 현실화할 회로를 뇌 안에 심는 일이다. 머스크는 늘 앞서 꿈을 꾸었고, 그 꿈에 뇌를 맞췄으며, 결국 세상을 바꿨다. 기술은 엔지니어가 만들지만, 회로는 말에서 시작된다. 그는 로켓을 만든 게 아니라, '될 수밖에 없는 뇌 회로'를 설계한 것이다. 그러니 중요한 건 과학이 아니라 상상이고, 학문이 아니라 말이다. '된다'는 말. 이 단순한 언어가 뇌의 가장 복잡한 미래를 열었다.

사실 뇌는 상상과 현실을 구분하지 못한다. 반복된 말은 회로가 되고, 회로는 감정을 바꾸며, 감정은 행동을 유도하고, 행동은 결과를 만든다. 그래서 '나는 1천억을 벌었다'는 말은 자기암시나 긍정문장이 아니라, 뇌를 설계하는 핵심 명령이다. 그 말을 반복하다 보면, 처음엔 어색하나 나중엔 습관이 되며, 어느 순간 뇌는 그 말을 현실처럼 받아들이기 시작한다. 그리고 그때부터 뇌는 그 말을 뒷받침할 단서들을 감지하고 수집하고 연결하기 시작한다.

RAS(Reticular Activating System, 그물체활성화계 혹은 망상활성계)는 뇌줄기(뇌간)에 있는 구조로, 우리가 깨어 있고 주의를 기울이고 있는지 여부를 결정하는 '의식의 스위치' 같은 시스템이다. 즉 망상활성계는 뇌가 어떤 정보에 집중할지를 결정하는 '필터'라고 할 수 있다. 반복된 언어에 기반해 중요하다고 판단되는 정보만 골라 보여준다. 그래서 "나는 1천억을 벌었다"는 말을 반복하는 사람은 광고판, 기사, 통화 속 말 한 줄에서도 사업 아이디어를 떠올릴 수 있고, 지하철 창

밖 풍경에서도 가치를 떠올릴 수 있다. 같은 정보를 보고도 누구는 그냥 지나치고, 누구는 가능성을 떠올리는 이유는, 뇌의 회로가 다르기 때문이다.

신경과학은 이를 단순한 감정적 현상이 아니라, 생리학적 반응으로 설명한다. 반복된 언어는 감정 기억과 연결되고, 감정은 도파민 회로를 활성화하며, 도파민은 행동 에너지로 전환된다. 그래서 의지보다 중요한 것은 방향이고, 감정보다 강력한 것은 반복이다. 뇌는 가장 자주 떠올린 문장대로 움직이며, 그 문장이 삶의 구조를 만든다.

'나는 1천억을 벌었다.' 이 문장을 반복하다 보면, 어느 순간 뇌는 그 문장을 '가능성'이 아니라 '가정'으로 인식하게 된다. 뇌는 그 가정을 뒷받침할 증거를 찾기 시작하고, 평소 같으면 무시했을 자극이 연결되며, 나도 몰랐던 가능성이 행동 계획으로 발전된다. 그 문장이 행동을 낳고, 그 행동이 결과를 만들고, 그 결과가 다시 자아 이미지를 강화하면서 회로는 점점 단단해진다.

의지력은 쉽게 고갈되지만, 회로는 반복될수록 강해진다. 국가대표 선수도 은퇴 후 생계가 어려운 이유는, 노력의 회로는 있지만 수익화 회로가 없기 때문이다. 운동을 통한 성취는 알고 있지만, 가치와 거래를 연결하는 감각은 훈련된 적이 없기 때문이다. 그래서 성공은 의지가 아니라 회로고, 회로는 말에서 시작된다.

하루를 돌아보면 생각이 흐릿한 이유는, 명확하게 반복한 생각이 없기 때문이다. 바깥 자극에 반응하면서 떠오른 파편적인 생각만 반복했다면, 뇌는 내가 어떤 삶을 원하는지 모른다. 하지만 하루종일 "나는 1천억을 벌었다"는 생각을 반복한 사람은 자신이 어떤 회로를 원하는지를 뇌에게 정확히 지시하게 된다.

말은 작지만 결정적이다. 그 말을 반복하는 순간, 뇌는 회로를 바꾸기 시작하고, 회로가 바뀌면 감정이 따라오고, 감정이 달라지면 행동이 유도되고, 행동이 누적되면 인생이 바뀐다. 모든 변화는 한 문장에서 시작된다. 내가 자주 말하는 문장이 곧 내 뇌의 기본값이고, 뇌는 그 문장을 진실처럼 작동시킨다. 원하는 삶을 살고 싶다면, 그 문장을 정하고, 반복하고, 끝까지 밀어야 한다. 뇌는 말이 있는 방향으로 현실을 보여준다.

작은 보상으로 뇌를 속여라

목표 세우는 일은 어렵지 않다. 유지하는 게 어렵다. 시작할 땐 의욕이 넘치지만, 며칠만 지나도 흐릿해지고, 결국 "다음에 다시 해야지"라는 말로 끝난다. 문제는 의지가 아니다. 뇌는 즉각적인 보상을 원한다. 지금 아무것도 받지 못하는 상황에서, 나중의 보상만을 믿고 움직일 만큼 뇌는 단순하지 않다.

도파민 시스템은 '보상의 예측 가능성'에 반응한다. 뭔가 했을 때 바로 기분이 좋아지지 않으면, 뇌는 그 행동을 무의미한 루틴으로 해석하고 회로를 약화시킨다. 그래서 장기 목표만 붙잡고 있는 사람은 쉽게 포기한다. 뇌는 기다리는 데 능숙하지 않다. 뇌는 보상 없이 행동을 지속하지 못한다.

여기서 필요한 전략이 마이크로 리워드(Micro Reward)다. 이는 큰 보상을 기다리는 대신, 아주 작은 보상을 자주 주는 방식이다. 할 일을 마쳤을 때 좋아하는 음악을 3분간 듣는다든가, 할 일을 끝낸 뒤 체크 리스트에 표시하며 만족감을 주는 것처럼, 뇌가 '했어, 끝났어, 좋았어'를 자주 경험하도록 설계하는 시스템이다.

이 전략은 뇌 회로를 속이는 기술이다. 결과가 나오기 전에 이미 보상이 발생하도록 구조화하면, 뇌는 그 행동을 자주 쓰는 경로로 저장한다. 반복될수록 도파민 시스템은 강화되고, 루틴은 굳어진다. 마이크로 리워드는 성과가 아니라 지속성에 보상하는 뇌 훈련법이다.

또 하나 중요한 기법이 그룹핑(Grouping)이다. 지루한 일에 감정적 의미나 간단한 자극을 묶어주는 전략이다. 예를 들어, 운동과 함께 유튜브 강의를 듣거나, 집 청소를 하면서 향 좋은 디퓨저를 틀거나, 재무정리를 하며 좋아하는 음료를 곁들이는 식이다. 의미 없는 반복에 의미 있는 감정을 덧입히는 방식이다.

이렇게 감정 자극과 반복 행동이 함께 묶이면, 뇌는 해당 행동을 '불편한 일'이 아닌 '기분 나쁘지 않은 일'로 해석하기 시작한다. 불편을 참는 대신, 루틴 안에서 감정 보상을 흡수하는 회로가 작동된다. 장기 목표는 이 회로가 없으면 유지되지 않는다.

가난한 뇌는 늘 '끝나야 기분이 좋아지는 구조'에 갇혀 있다. 다 해야 성취감을 느끼고, 결과가 나와야만 만족을 얻는다. 그래서 중간에 동기가 사라지고, 다음 행동을 미룬다. 뇌는 지루함을 실패로 오인하고, 결국 행동은 중단된다. 보상이 없는 루틴은 뇌에게는 고통이다.

반면, 부자 뇌는 설계가 다르다. 아주 사소한 행동 하나에도 보상 회로를 심어놓는다. 커피 한 잔, 체크 표시 하나, 정리된 공간을 한 번 훑어보는 눈빛 하나 등, 그 모든 것이 뇌에게는 "잘했어, 다음에도 해봐"라는 신경 신호다. 부자 뇌는 목표를 향해 가는 길목마다 보상을 분산시켜 놓는다.

결국 장기 목표는 큰 의지가 아니라 작은 설계로 간다. 뇌는 속여야 한다. 그저 기다리게 하기보다는, 도중에라도 감정을 보상해주는 장치가 필요하다. 마이크로 리워드와 그룹핑 전략은 지속 가능한 시스템을 만드는 심리적 설계자산이다. 뇌는 결과보다 보상 구조에 반응함을 명심하라.

오늘의 행동이 너무 작아 보여도 괜찮다. 그 안에 미소 한 번, 완료 표시 한 번 같이 작은 기쁨 하나만 심어두면, 뇌는 그 루틴을 기억할 것이다. 장기 목표는 큰 성취가 아니라, 작은 보상의 길 위에서 완성된다. 오늘부터 스스로에게 "잘했어"라고 말해보자. 칭찬은 고래를 춤추게 하듯이 뇌에게도 작지만 꽤 멋진 보상이 될 것이다.

더 느리고, 더 작게, 더 오래 기쁨을 만든다

하루를 마치고 소파에 앉았을 때, 손이 저절로 휴대폰을 향한다. 쇼핑 앱을 열거나, 자극적인 영상 목록을 스크롤하거나, 단맛이 강한 무언가를 입에 넣는다. 기분은 잠시 좋아지지만 오래 가지 않는다. 이건 '기쁨'이 아니라 자극의 반사 반응이다. 그리고 이 반응이 반복될수록, 뇌는 점점 더 즉각적인 만족에만 반응하는 회로로 바뀐다.

도파민은 단순한 행복 호르몬이 아니다. 기대, 예측, 보상 구조에 반응하는 행동 유도 신경전달물질이다. 문제는 우리가 자주 주는 자극이 너무 짧고 강하다는 데 있다. 강한 도파민 자극은 뇌의 기준치를 끌어올리고, 똑같은 자극으로는 더 이상 만족하지 못하게 만든다. 기쁨이 무뎌지는 회로, 바로 이것이 충동적 만족의 후유증이다.

가난한 뇌는 이런 즉각적인 자극에 길들어 있다. 콘텐츠 중독, 감정 소비, 불필요한 쇼핑, 지나친 보상. 이 모든 행동은 도파민은 터뜨리지만, 기쁨을 구조화하지 못한 회로 위에 쌓인다. 반복될수록 더 큰 자극을 원하고, 반대로 깊은 만족감은 줄어든다. 뇌는 더 많이 소비하면서도 더 자주 허기진다.

반면, 부자 뇌는 자극 대신 구조를 만든다. 기대를 나누고, 보상을 분산하며, 감정의 흐름에 지도를 붙인다. 운동 후의 휴식, 기록 뒤의 자평, 관계 뒤의 해석. 이런 루틴은 도파민 회로를 '고갈'시키지 않고, 기쁨을 예측 가능한 만족으로 회로화한다. 그리고 이 회로는 오래 가고, 안정적이며, 감정에 휘둘리지 않게 만든다.

지속 가능한 기쁨은 '감정이 좋은 상태'가 아니다. 기쁨을 회로 안에서 재현할 수 있는 능력이다. 오늘 좋은 기분이 들었다면, 그 기분이 어떤 행동에서 비롯되었는지를 의식적으로 남겨야 한다. 그래야 뇌는 그 감정을 재생산하는 회로를 만들 수 있다.

기쁨은 지나가는 감정이 아니다. 반복되도록 설계된 구조여야만 다시 돌아온다. 부자 뇌는 순간의 쾌감보다, 반복 가능한 만족을 더 크게 본다. 충동이 아닌 구조, 무작위가 아닌 루틴, 흘러가는 게 아닌 설계된 감정… 이것이 뇌가 기쁨을 오래 다루는 방식이다.

오늘 하루에도 작지만 기분 좋았던 순간이 하나쯤은 있었을 것이다. 그 장면을 10초간 떠올려보자. 그리고 내일 그 순간을 다시 만들 수 있다면, 뇌는 이미 다른 회로를 택하기 시작한 것이다. 부자 뇌는 기쁨에 기대지 않는다. 기쁨을 만든다.

루틴을 만들되, 루틴에 갇히지는 말라

"예로부터 사람은 고쳐 쓰는 게 아니래."

외할머니는 늘 그렇게 말씀하셨다. "개 버릇은 남 못 준다"며 혀를 차시면, 엄마는 고개를 끄덕였다. 나는 그 말이 싫었다. '사람은 변할 수 없다'는 단정이 왠지 답답했기 때문이다. 그런데 이상하게도, 시간이 흐를수록 그 말이 이해되기 시작했다. 늘 같은 시간에 늦게 자고, 같은 패턴으로 핑계를 만들고, 빚을 갚아줘도 빚이 생기는 등, 사람이란 왜 고쳐지지 않고 이렇게 똑같을까 싶었다. 바뀌고 싶다면서도 자꾸만 예전처럼 살아가는 모습은 어쩌면 의지의 문제가 아니라, 뇌의 구조 때문인지도 모른다.

반복은 뇌를 만든다. 같은 시간에 일어나고, 같은 순서로 움직이고, 익숙한 방식대로 하루를 마무리하는 사람은 흔들리지 않는다. 그 일관성이 회로가 되고, 회로는 판단보다 빠르게 반응하며, 습관은 방향을 잃지 않게 해준다. 루틴은 구조고, 구조는 힘이다. 그러나 지나치게 잘 짜인 루틴은 어느 순간 뇌를 좁게 만든다.

뇌는 반복을 좋아한다. 똑같은 행동을 여러 번 반복하면 전전두엽의 판단 없이도 자동으로 실행된다. 기저핵이 그 반복을 대신 기억하고, 뇌는 더 적은 에너지로 더 많은 행동을 할 수 있게 된다. 문제는 바로 여기서 시작된다. 더 적은 에너지를 쓰기 위해 판단을 생략하는 순간, 뇌는 '왜 하는가'를 잊은 채 '하던 대로'만 반복한다.

처음엔 효율을 위해 만든 루틴이, 점점 스스로 빠져나올 수 없는 시스템이 되어간다. 루틴이 조금만 어긋나도 불안해지고, 계획과 다르면 집중이 무너지고, 일상이 흐트러질까 봐 예외를 두려워하게 된다. 뇌는 새로운 자극을 받아들이기보다, 예측 가능한 경로만 반복하려 한다. 이때부터 회로는 유연성을 잃고, 정해진 길만 가게 된다.

가난한 뇌는 루틴조차 없지만, 부자 뇌는 때로 루틴에 갇힌다. '해야만 안심되는 행동', '안 하면 불편한 습관', '틀어지면 하루가 무너지는 패턴'. 이 모든 건 효율이 아니라, 루틴에 종속된 뇌의 모습일 수 있다. 반복은 방향을 만들지만, 그 방향이 유일한 길이 될 때, 뇌는 확장 대신 수축을 선택하게 된다.

전전두엽은 새로운 자극 속에서 가장 활발히 반응한다. 루틴 바깥의 변수, 계획되지 않은 순간, 낯선 선택 앞에서 뇌는 성장한다. 하지만 지나치게 굳어진 회로는 새로운 자극을 위협으로 받아들인다. 판단보다 방어가 먼저 작동하고, 사고는 닫힌다. 결국 뇌는 '하던 대로만' 반응하는 패턴의 노예가 된다.

이때 필요한 건 완벽한 유연성이 아니다. 단지 틈을 설계하는 습관이다. 정해진 시간을 일부러 비워두거나, 하던 일을 다른 장소에서 해보거나, 루틴을 의도적으로 한 번쯤 깨보고 그때 감정을 기록해보자. 이런 작고 의식적인 어긋남이 회로를 부수지 않고도 회로를 확장하게 만든다.

부자 뇌도 루틴을 가진다. 그러나 루틴에 갇히지 않는다. 반복을 유지하되, 반복하지 않는 선택도 가능하게 설계한다. 그들은 스스로 구조를 짜지만, 그 구조를 수정할 권한도 잃지 않는다. 그래서 진짜 부자 뇌는 많이 반복한 뇌가 아니라, 필요할 때 루틴을 넘어설 수 있는 뇌이다.

당신의 오늘은 어떤가. 지금 반복하고 있는 습관은 당신을 앞으로 밀어주는가, 아니면 멈추게 하고 있는가. 루틴은 방향을 잃지 않게 도와주지만, 방향을 바꿀 수 없게 만들면 그것은 감옥이다. 뇌는 반복을 기억하지만, 반복만을 허용하는 구조는 결국 성장하지 않는다.

돈을 쓸 때도 시나리오대로

무언가 사고 싶다는 생각이 들었을 때, 우리는 대체로 이렇게 스스로 합리화한다. "지금 당장 아니면 못 사", "오늘은 내가 좀 힘들었으니까", "어차피 언젠간 사야 할 거잖아." 그 순간 뇌는 판단보다 감정이 먼저 반응하고, 카드는 뽑혔다. 소비는 뇌의 결정을 그대로 드러내는 장면이다. 지출 하나에도 회로는 작동한다.

돈을 잘 쓰는 사람은 다르게 움직인다. 그들은 결코 무조건 아끼지 않는다. 단지 '왜 이 돈을 쓰는가'를 안다. 감정을 살핀다. 이건 지금의 외로움 때문인지, 진짜 필요해서인지. 오늘의 기분 때문인지, 이번 달의 계획에 포함된 것이었는지. 이 판단 하나가 뇌의 작동 모드를 바꾼다. 부자 뇌는 감정을 묻는 뇌다.

그다음 시간의 관점이 개입된다. 이 소비가 오늘만 만족스러운지, 일주일 후에도 잘 샀다고 느낄 수 있을지, 몇 달이 지나도 후회하지 않을 수 있는지. 전전두엽은 이 질문을 받을 때 활성화되고, 충동은 판단으로 바뀐다. 부자 뇌는 미래의 후회까지 시뮬레이션한다.

마지막으로 목적성을 본다. 이 소비가 내 정체성과 연결되어 있는지, 나의 방향과 어긋나진 않는지, 장기 목표 안에서 허용 가능한 수준인지. 이때 소비는 단순한 지출이 아니라, 가치의 표현이 된다. 부자 뇌는 단지 현명하게 아끼는 뇌가 아니다. 자신의 정체성을 인식하고 반영하는 뇌다.

가난한 뇌는 감정과 연결된 회로를 그대로 따른다. 피로감, 무료함, 스트레스를 일시적으로 해소하려는 소비는 '반응'이지 '선택'이 아니다. 이 회로는 반복되며 자동화되고, 패턴화되고, 그 사람의 재정 상태를 천천히 갉아먹는다. 결국 나중에 "내가 왜 그랬지?"라는 자책만 남는다. 그 자책조차 뇌에 반복되면 무력한 소비 회로가 굳어진다.

반대로 돈을 잘 쓰는 사람은 쇼핑을 하나의 시나리오처럼 구성한다. 시작 전에 조건을 정하고, 중간에 자신을 관찰하고, 끝난 뒤 후기를 복기한다. 이 루틴은 처음엔 번거롭지만, 반복되면 뇌는 자동으로 같은 흐름을 따르게 된다. 감정 중심 소비에서 전략 중심 소비로의 회로 전환, 이건 생각보다 빠르게 일어난다.

결국 돈을 잘 쓰는 뇌란, 덜 쓰는 뇌가 아니다. 더 느리게, 더 자각적으로 쓰는 뇌다. 한 번의 소비에 감정, 시간, 의미를 모두 통합하는 사고 회로가 탑재된 뇌다. 이런 뇌는 돈을 다룰 때마다 스스로를 더 이해하게 되고, 삶의 우선순위를 조금 더 또렷하게 잡아 간다.

오늘 내가 하는 소비 하나에도 회로가 있다. 이 회로는 우연이 아니라 반복의 결과다.

'왜 이걸 사고 싶지?'

'이걸 사면 한 달 뒤에도 만족할까?'

'이건 어떤 나를 위한 선택이지?'

이 세 문장을 떠올리는 것만으로도, 뇌는 반응을 멈추고 선택을 고민한다. 그 순간이 회로가 바뀌는 출발점이다.

습관은 뇌의 자동 운전이다

아침에 눈을 뜨고 휴대전화를 집는 순간, 이미 선택은 끝났다. 그 손의 방향, 손가락의 동작, 눈이 먼저 향하는 앱까지. 전혀 '고민'하지 않는다. 이건 의지가 아니라 회로의 반사다. 뇌는 습관이 굳어 있는 곳에서 생각을 줄이고, 자동으로 결정한다.

습관은 뇌가 만든 자동 운전 시스템이다. 반복된 행동은 더 이상 전전두엽의 판단을 거치지 않는다. 기저핵은 '익숙한 반응'을 따로 저장하고, 그 경로를 독립적으로 실행한다. 뇌는 회로의 효율을 위해 자주 간 길만 빠르게 달리게 만든다. 그리고 우리는 그 길을 '내 성격', '내 스타일'이라 부른다.

가난한 뇌는 감정 반응에 기반한 습관을 자동화한다. 스트레스를 받으면 음식에 손이 가고, 돈이 생기면 지출부터 하고, 불안하면 소비를 하며 안정을 찾는다. 이 행동은 처음엔 감정 해소였지만, 반복되면서 뇌는 그 루트를 기본값으로 기억한다. 잘못된 선택도 자주 하면 옳다고 착각하게 되는 회로. 그게 습관의 무서움이다.

반면 부자 뇌는 의식적으로 설계한 반복을 자동화한다. 정해진 시간에 일어나고, 자산 현황을 정기적으로 점검하고, 루틴대로 행동을 마친 뒤 결과를 복기한다. 이 루틴은 매번 새로 고민하지 않는다. 이미 회로에 심어진 판단 기준이 알아서 실행한다. 부자 뇌는 많이 생각하지 않고도 좋은 선택이 반복되도록 설계된 뇌다.

습관은 결국 뇌가 반복을 줄이기 위한 전략이다. 좋든 나쁘든, 한 번 자동화된 회로는 감정도, 의지도, 논리도 건너뛰고 반응한다. 뇌는 가장 자주 실행된 루트를 '안전한 길'로 여긴다. 그래서 문제는 자주 쓰는 회로가 아니라, 무엇을 자주 실행하고 있느냐다.

자동화는 도망이 아니다. 생존을 위한 최적화 시스템이다. 반복된 좋은 루틴은 더 적은 에너지로 더 좋은 결과를 만들고, 반복된 나쁜 루틴은 생각보다 빠르게 나를 흔든다. 습관이 생각을 대체하면, 삶의 방향은 루틴이 결정하게 된다.

지금 당신의 하루를 돌아보자. 자주 가는 길이 있듯, 자주 쓰는 회로도 있다. 일어나서 하는 첫 행동, 스트레스를 풀기 위한 반응, 돈을 쓸 때의 자동 반응. 이것이 지금 당신의 뇌가 고정시킨 루틴이다. 바꾸고 싶다면 새 결심이 아니라, 새로운 자동화 회로를 만드는 일부터 시작해야 한다.

습관은 반복된 방향으로만 굳는다. 의식하지 않아도 반복되는 선택, 그 경로가 바로 당신을 어디로 데려갈지 이미 정해놓고 있다. 지금 이 순간 내가 반복하고 있는 것이, 나의 내일을 만드는 회로다.

부자 뇌의 4가지 일상 회로,
운동·명상·식사·수면

정신이 멍하고, 집중이 안 되고, 감정이 들쑥날쑥한 날엔 우리는 흔히 이렇게 말한다. "요즘 너무 정신이 없다." 하지만 뇌과학은 다르게 말한다. 정신이 없는 게 아니라, 루틴이 없는 것이라고. 뇌는 일상 속 루틴이 흐트러질 때, 가장 먼저 방향을 잃는다.

부자 뇌는 똑똑한 뇌가 아니다. 지속 가능하게 유지되는 뇌다. 매일의 운동, 숨을 고르는 시간, 숙면, 그리고 뇌가 좋아하는 식사를 반복하는 사람은, 의식하지 않아도 판단력이 더 단단하고, 감정 회복이 빠르고, 결정이 정리되어 있다. 결국 루틴은 뇌의 생리적 조건을 정비하는 가장 강력한 회로 전략이다.

운동은 뇌의 워밍업이다. 단 20분의 걷기만으로도 해마는 활발해지고, BDNF(Brain-Derived Neurotrophic Factor, 뇌유래신경영양인자)가 분비되어 집중력 회로가 깨어난다. 신체가 '지금은 움직여도 되는 시간'이라는 신호를 줄 때, 뇌는 감정 대신 목표에 반응할 수 있게 된다. 몸이 먼저 반응해야, 뇌가 따라 움직인다.

명상은 뇌의 브레이크다. 자극이 많아질수록 뇌는 과열되고,

사고는 뻗어 나가지 못한 채 같은 곳만 돈다. 10분의 멈춤으로 ACC(Anterior Cingulate Cortex, 전측대상회)가 재정비되면 뇌는 다시 상황을 '판단 가능한 문제'로 해석하기 시작한다. 고요함은 둔함이 아니라 회복이고, 통제다. ACC는 뇌의 중심 깊숙한 부분, 전두엽 아래쪽, 대뇌피질 안쪽에 있는 기관으로, 자기조절의 핵심센터다. 편도체가 '위험해, 도망쳐' 같은 감정을 즉각 반응하는 기관이라면, ACC는 그런 감정을 모니터링하고 '잠깐, 이건 실제 위기일까?'라며 조절하는 기관인 셈이다. 따라서 ACC가 잘 작동하면 감정에 휘둘리지 않고 선택할 수 있는 자기 조절력이 생기는 것이다.

그렇다면 수면은 뇌에 어떤 작용을 할까?

수면은 뇌의 백업 시스템이다. 낮 동안 생성된 감정과 정보, 스트레스와 학습은 수면 중 분류되고 가지치기된다. 수면이 부족하면 전전두엽은 반응을 멈추고, 감정 회로는 예민해진다. '하룻밤 못 잤을 뿐인데'가 아니라, 그 밤 하나로 뇌가 정렬되지 못한 채 하루를 시작하는 것이다.

우리가 매일 먹는 식사는 뇌에 영양을 공급한다. '영양'은 회로의 기반이다. 신경전달물질은 음식으로 만들어진다. 단백질, 오메가-3, 항산화 식품은 판단력과 감정 안정에 필요한 재료다. 불균형한 식단은 뇌를 느리게 하고, 충동적 판단을 늘린다. 먹는 건 단지 배를 채우는 게 아니라, 뇌의 기반을 깔아주는 일이다.

가난한 뇌는 이 루틴들을 사치로 여긴다. 운동은 귀찮고, 명상은 요가하는 사람들의 일처럼 느껴지고, 수면은 미룰 수 있다고 믿고, 식사는 그저 배만 부르면 된다고 생각한다. 그렇게 흐트러진 반복이 모여 뇌는 점점 흐릿해진다. 판단이 흐려지고, 감정은 예민해지고, 선택은 충동적이 된다.

반면, 부자 뇌는 루틴을 신호로 활용한다. 운동은 시작 신호고, 명상은 감정 정리의 스위치이며, 수면은 회복의 리셋 버튼이고, 식사는 회로에 연료를 공급하는 시스템이다. 이 네 가지가 반복될수록 뇌는 덜 흔들리고, 더 선명해진다.

오늘도 하루가 시작된다면, 가장 먼저 정리해야 할 건 머릿속 생각이 아니라 몸의 리듬이다. 뇌는 루틴에 반응한다. 그리고 그 루틴이 쌓이면 감정도, 집중도, 결정도 따라 움직인다. 부자 뇌는 의지로 움직이지 않는다. 일상의 루틴이 뇌를 밀어 준다.

습관 설계는 결국 환경 설계다

20대 직장인 영미는 퇴근만 하면 무의식적으로 소파에 앉아 TV를 켰다. 하고 싶은 일이 있어도, '좀 쉬고 나서 해야지'라는 생각으로 하루가 끝났다. 어느 날, 그는 TV 리모컨을 서랍 안에 넣고, 책 한 권을 소파 옆에 세워뒀다. 놀랍게도 그날부터 TV는 덜 켜졌고, 대신 책장을 넘기는 시간이 늘어났다. 영미는 결심을 바꾼 게 아니라, 자극의 위치를 바꿨을 뿐이다. 뇌는 리모컨이 아니라 책에 먼저 반응하기 시작했다. 작은 환경 조정이 루틴을 다시 설계했다.

대학생 준호는 늘 늦게 자고, 과제도 벼락치기로 하던 스타일이었다. 같은 생활을 반복하면서 스스로를 '의지가 약한 사람'이라 여겼다. 그런데 새 학기부터 조용한 새 룸메이트와 함께 살게 되었다. 그는 매일 새벽에 일어나 명상하고, 공부 시간에는 휴대폰을 꺼뒀다.

처음엔 불편했지만, 준호도 점점 룸메이트의 리듬에 따라 움직였다. '함께 있는 사람의 뇌 회로'를 따라가는 거울신경세포의 작용이었다. 3개월 후, 준호의 생활패턴도 안정되고 성적도 올랐다. 의지를 바꾼 것이 아니라, 주변 회로가 바뀌자 나도 바뀐 것이다.

자, 어떤가. 매일 비슷한 시간에 피곤하고 반복되는 실수를 하고, 같은 감정에 휘말리는데도 우리는 자꾸 의지 탓을 한다. 하지만 뇌는 다르게 말한다. 지금의 반복은 결심의 문제가 아니라, 환경이 만든 회로일 수 있다.

뇌는 끊임없이 입력을 받는다. 그리고 그 입력의 대부분은 내가 있는 공간, 곁에 있는 사람, 반복되는 일상의 구조에서 나온다. 뇌는 감정보다 자극에 더 먼저 반응하고, 의지보다 배치된 현실에 더 강하게 끌린다.

공간은 뇌의 방향을 정한다. 자리에 앉자마자 눈에 보이는 것이 책인지 리모컨인지, 노트북 위에 무엇이 올려져 있는지, 조명과 냄새와 온도가 어떤지. 이런 작은 불리적 자극이 전두엽을 자극하거나 무력화한다. 공간이 혼란스러우면 뇌도 산만해진다. 시야가 흐트러지면, 뇌는 흩어진다.

사람은 뇌의 경향성을 만든다. 옆 사람의 말투, 감정 반응, 소비 습관, 시간 쓰는 방식은 고스란히 전염된다. 거울신경세포는 타인의 행동을 무의식적으로 흡수하고, 반복 노출될수록 그 회로가 내 것처럼 굳어진다. 함께 있는 사람은 곧 내가 자주 따라 쓰는 회로다.

리듬은 회로의 안정성을 좌우한다. 일어나는 시간, 첫 식사, 일과의 배치, 쉬는 방식. 이 반복이 구조화될수록 뇌는 에너지를 덜 소모하며 의사결정을 할 수 있게 된다. 루틴이 없으면 뇌는 즉흥성에 의존하고,

감정에 휘둘린다. 불규칙은 뇌에게 스트레스고, 일관성은 안전이다.

가난한 뇌는 환경을 인식하지 않는다. 늘 있는 집, 늘 만나는 사람, 늘 반복되는 하루의 구조를 '자극'이 아닌 배경음처럼 처리한다. 하지만 뇌는 그 배경에서 가장 많이 회로를 만든다. 결국 행동을 바꾸려 해도 뇌는 익숙한 회로로 끌려간다. 환경이 그대로면 뇌는 다시 예전으로 돌아간다.

반면, 부자 뇌는 환경을 주도적으로 설계한다. 책상이 먼저 정리되고, 집중하는 시간에 알림이 꺼지고, 말이 자주 새는 사람 대신 생각이 깊어지는 사람을 곁에 둔다. 루틴은 감정이 아닌 에너지 보존과 선택 효율을 위한 설계 구조가 된다. 좋은 습관은 좋은 환경이 먼저 만들어준다.

습관 설계는 결국 환경 설계다. 의지로 바꾸려 하지 말고, 지금 뇌가 가장 자주 반응하는 자극부터 바꿔야 한다. 책 한 권을 꺼내두고, 잠들기 전 조명을 줄이고, 하루에 가장 오래 머무는 자리를 바꾸는 일. 이 작은 배치 하나가 뇌의 루틴을 바꾸는 시그널이 될 수 있다.

뇌는 늘 주변을 스캔한다. 내가 누구와 있고, 어디에 있고, 어떤 흐름 안에 있느냐를 기준으로 내일의 회로를 설계한다. 바꾸고 싶다면, 먼저 다시 배치해보자. 습관은 내 안에서 자라지 않는다. 습관은 환경 속에서 자란다.

작은 루틴이 부자 회로를 만든다

스물아홉 살 마케터 영호는 월급날이 지나 며칠 안 돼 잔고가 줄어드는 패턴을 반복했다. "난 돈 관리에 소질이 없어"라는 말이 입버릇이었다. 어느 날 친구가 농담처럼 말했다. "야, 하루에 천 원 쓰고도 기록하는 애가 결국 돈 모으는 거야." 그 말을 들은 영호는 작은 메모장 하나를 꺼내 매일 한 줄씩 지출을 적기 시작했다.

처음엔 불편했지만, 2주가 지나자 지출 전에 '기록해야 하니까'라는 생각이 자동으로 떠올랐다. 어느 순간, 카드 결제를 하기 전에 3초 멈추는 버릇까지 생겼다.

영호는 말한다. "기록을 시작한 이후, 이상하게 죄책감도 덜 느껴져요. 그냥 '조정하면 되지'라고 생각하거든요." 영호의 뇌는 이제 감정보다 구조에 먼저 반응한다. 그 루틴이 반복되었기 때문이다.

궁금하지 않은가. 왜 어떤 사람은 돈과 관련된 결정을 할 때마다 당황하지 않을까. 왜 어떤 사람은 지출을 해도 흔들리지 않고, 기회가 와도 과감하게 선택할 수 있을까. 차이는 단순히 재능이 아니다. 뇌가 어떤 회로를 따라 움직이고 있는가에 따라 선택이 달라진다. 그리고 그 회로는, 반복된 습관이 만든 결과다.

뇌는 자주 쓰는 경로를 우선순위로 삼는다. 시냅스는 뇌세포 간 신호를 전달하는 연결선이고, 반복된 행동이 그 연결을 강화한다. 이 과정을 시냅스 가소성이라고 부른다. 쉽게 말해, 뇌는 반복되는 것에 적응하고, 반복되는 방향으로 나를 설계한다.

처음엔 '습관을 길러야지'라고 결심하지만, 반복되지 않으면 뇌는 그 결심을 기억하지 않는다. 반대로 오늘도 같은 시간에 앉아 가계부를 펴고, 같은 패턴으로 지출을 기록하고, 같은 문장으로 소비를 되짚는 사람은, 그 행동이 반복되는 만큼 뇌 안에 회로가 굳어진다. 그리고 뇌는 말없이 이렇게 반응한다. "이게 이 사람의 기본값이구나."

가난한 뇌는 감정의 회로를 따라간다. 돈이 들어오면 들뜨고, 돈이 나가면 죄책감을 느끼고, 돈 얘기만 나와도 무력해진다. 이는 재정 상태 때문이 아니라, 감정으로 반응하는 회로가 자동화되었기 때문이다. 뇌는 그동안 가장 자주 꺼낸 감정의 반응을 우선순위로 설정한다. 결국 '나는 돈에 약하다'는 믿음도 감정이 아니라 회로다.

반면, 부자 뇌는 감정보다 구조에 반응한다. 오늘 쓴 돈을 감정 없이 기록하고, 예산 초과에도 자기비판보다 조정 계획을 먼저 세우고, 충동이 올라올 때는 '멈춤과 관찰'이라는 루틴을 실행한다. 이 루틴이 반복되면 뇌는 감정보다 패턴을 기준으로 행동을 선택하게 된다.

중요한 건 한 번의 결심이 아니라, 한 번의 반복이다. 아무리 작아도 반복되면 뇌는 그 행동을 '주요 회로'로 받아들인다. 소비 기록 한 줄, 지출 전 3초 멈춤, 돈과 관련된 자기 대사 한 문장. 이 작은 행동들이 쌓이면 뇌는 기존 회로를 덮고, 새로운 회로를 우선 실행하는 구조로 전환된다.

습관은 감정보다 강하다. 감정은 순간이지만, 회로는 구조다. 뇌는 의지보다 익숙함을 따르고, 감정보다 자주 쓰인 길을 신뢰한다. 그래서 부자 뇌는 대단한 통제력을 가진 뇌가 아니라, 루틴이 자동화된 뇌다. 반복이 충분히 쌓이면, 뇌는 애쓰지 않아도 그 방향으로 반응하게 된다.

오늘부터 실천해보자. 지출에 대해 '한 줄 기록'을 반복하고, '한 문장 다짐'을 적고, '결정 루틴'을 설계하는 것이다. 몇 번 반복하다 보면 뇌는 감정 대신 구조를 기억한다. 뇌는 감정보다 회로에 반응하고, 회로는 반복에서 만들어진다. 반복은 뇌를 재배선하고, 재배선된 뇌는 결국 재정을 다르게 바라보게 된다. 습관이 쌓이면, 어느 순간 뇌가 먼저 말한다. "이게 이 사람의 기본값이구나."

지금의 말, 지금의 감정,
지금의 시선이 이미 당신의 뇌를 설계 중이다.
"나는 바꿀 수 있어"라는 한 줄을 자주
반복하는 뇌는 결국 그 신경망을 현실화하고,
"지금 이건 다시 다룰 수 있어"라는 태도는
판단의 질을 높이며 감정의 폭을 줄인다.
결국 부자 뇌는 먼 미래를 잘 그리는 뇌가
아니라 지금 이 순간을 정교하게 다루는 뇌다.

chapter 5

뇌는
운명을 거부한다

유전도 환경도
전부가 아니다

나는 내 편이다

27살 콘텐츠 기획자 민재는 늘 같은 패턴으로 좌절했다. 저녁 9시쯤, 식사를 마치고 샤워까지 마친 다음엔 꼭 넷플릭스를 켰고, 새벽 2시까지 드라마를 보다 후회했다.

"나는 밤만 되면 무너져"라는 말이 입버릇처럼 붙었다.

어느 날, 민재는 자기방 책상에 딱 하나의 의식을 만들었다. 밤 9시에 향초를 켜고, 10분 동안 가계부 앱을 여는 것. 그게 전부였다. 처음엔 이상하게 불편했다. 향이 너무 진해서 머리가 아플 정도였다. 하지만 일주일이 지나자, 그 시간대만 되면 자동으로 향초에 손이 갔다.

2주쯤 지나자, 가계부를 열지 않아도 노트북 앞에 앉아 뭔가를 정리하고 있는 자신을 발견했다. '아무것도 안 한 것 같지만, 뇌가 방향을 튼 느낌이야…', 민재는 '무너지는 시간대'에 작은 리듬을 심은 것뿐이었지만, 그 리듬이 뇌의 회로를 바꾸고 있었다.

사람은 변화를 꿈꾸지만, 반복되는 좌절 앞에 자주 묻는다. "난 왜 따져보지도 않고 이 일을 시작했을까?" 그리고 어느 순간, 마음속 깊은 곳에서 이런 결론에 도달한다. "역시 난 사업이나 장사를 할 체질이 아니야. 돈복이 없어. 안 돼." 반복된 실패는 뇌 안에 자기 불신 회로를 만든다. 행동이 멈춘 게 아니라, 뇌가 스스로를 믿지 않게 된 것이다.

만약 그가 장사를 하면서 느낀 모든 것들을 기록에 남기기 시작했다면 어땠을까. 장사에 대한 기획안, 메뉴 실험, 고객 응대 메모 등 '일했지만 실패로 묻힌 기록들'을 작성했다면 달랐을까? 장사는 실패로 종료했지만, 몇 달 뒤 그는 '초기 창업자의 루틴 설계법'이라는 콘텐츠를 만들어 SNS에서 작은 인기를 얻게 되었을지 모른다. 비록 돈 많이 버는 장사를 실패로 끝났더라도 망한 채로 멈추지 않아야 한다. 그러기 위해서는 뇌가 다시 시작할 수 있다고 믿게 해야 하고, 매일 쓰는 손의 리듬이 그렇게 만들어줄 수 있다.

자기 신뢰는 다짐이 아니다, 구조다. 감정이 아닌 회로로 만들어진다. 그리고 그 회로는 작고 사소한 성공의 감각을 반복할 때 서서히 형성된다. 매일 지출과 수입을 정리하는 습관, 정리된 책상, 저녁 10시 이후 반성과 명상 등 언제부터인가 지키게 되는 나의 습관들. 그 모든 작고 잔잔한 반복들이 모여 뇌 안에 이런 문장을 새긴다. "넌 할 수 있어. 이번엔 다를 수 있다."

자기효능감은 심리적 태도가 아니라 생리적 루틴이다. 말보다 냄새, 의욕보다 촉감, 목표보다 리듬이 먼저 뇌를 설득한다. 반복 가능한 감각 자극. 항상 같은 시간대, 같은 의자, 같은 음악, 같은 조명의 조도. 이런 패턴들이 뇌에 '익숙하고 안전한 구조'를 형성한다. 감각이 안정되면 뇌는 생각을 정리하고, 그 안정 속에서 '나는 신뢰할 수 있는 존재'라는 회로를 만들어낸다.

우리는 자주 이렇게 말한다. "이제 정말 시작이야." 하지만 뇌는 선언이 아닌 반복에 반응한다. 다시 말해, 자기 신뢰는 '한 번 해낸 것'보다 '매일 하는 것'에서 생긴다. 루틴은 성과가 아니라 정체성을 설계하는 도구다. 매일 같은 시각, 같은 의식, 같은 몸의 움직임이 반복될 때, 뇌는 그것을 '내가 되는 길'로 받아들인다.

특히 '항상 무너졌던 시간대'를 돌파할 때, 뇌는 가장 강하게 반응한다. 늘 작심삼일이 되던 그 밤, 포기하던 그 지점, 다시 먹던 그 순간. 바로 그 타이밍에서 작은 변화 하나만 일어나도, 뇌는 확실한 메시지를 받는다. "나는 예전의 내가 아니다."

신뢰는 의지가 아니라 감각과 리듬의 누적이다. '내가 만든 공간', '내가 선택한 물건', '내가 정한 순서' 안에서 반복되는 행위들이 뇌에 이렇게 말해준다. "나는 나를 실망시키지 않는다." 이 반복이 일관성을 가질수록, 뇌는 그 리듬을 '자기 정체성'으로 받아들인다. 뇌는 점점 확신하게 된다.

이제 뇌는 감정에 기대지 않는다. 그 대신 반복 루틴이라는 구조 속에서 자신을 설계하고, 감각과 일관성을 무기로 자기 자신을 훈련시킨다. 그리고 어느 날 이렇게 느낀다.

"이제 나는 내 편이야."

뇌가 삶을 바꾼다는 증거, 신경가소성

"내가 나를 바꾸려고 해봤는데 결국 안 되더라."

"내가 사는 환경이 이러니까 어쩔 수 없어."

우리는 스스로를 설명하면서도 동시에 묶는다. 변할 수 없다는 믿음은 반복될수록 뇌 안에서 하나의 회로가 되고, 그 회로는 점점 더 강하게 현재를 고정한다. 하지만 뇌과학은 말한다. 뇌는 지금도 바뀔 수 있고, 실제로 바뀌고 있다.

신경가소성(neuroplasticity)은 뇌가 새로운 경험이나 반복되는 자극에 따라 스스로의 구조와 기능을 바꾸는 능력을 말한다. 즉, 뇌는 고정된 기관이 아니라, 학습하고 재구성할 수 있는 살아 있는 회로임을 입증한 가장 강력한 개념이다. 반복된 경험과 자극, 감정과 해석은 새로운 시냅스를 만들고, 기존의 회로를 약화시키며, 뇌 전체의 구조적 배선을 바꾼다. 이것은 추상적인 가능성이 아니라, 수많은 뇌 영상 연구에서 관찰된 '물리적 변화'의 사실이다.

처음엔 낯설던 스마트폰 자판도, 매일 쓰다 보면 손이 저절로 움직이게 된다. 머리로 외우려 하지 않아도, 뇌는 반복되는 입력에 따라 회로를 바꾼다. 이것이 바로 신경가소성이다. 뇌는 '자주 쓰는 경로'를 기준으로 구조를 다시 설계한다.

결국 뇌는 선택보다 반복에 더 민감하다. 한 번의 결심보다 매일 반복되는 해석, 감정, 행동 하나가 뇌의 기본 회로가 되고, 회로는 감정적 반응을 설계하고, 감정은 선택의 방향을 바꾼다. 과거의 유전자와 환경은 출발점일 뿐, 방향을 정하는 건 반복되고 있는 회로다.

가난한 뇌는 과거의 회로를 반복한다. "나는 원래 그랬어", "그땐 어쩔 수 없었어"라는 말은 더 이상 설명이 아니라 설계가 된다. 반면, 부자 뇌는 지금 이 순간에도 다르게 말하고 다르게 해석하며, 조금 다른 선택을 반복 중이다. 회로는 느리게 움직이지만, 한 번 흐름을 바꾸면 계속 바뀐다. 처음에는 서툴러도, 뇌는 낯선 반복조차 받아들이고 그 낯섦을 결국 구조로 바꾼다.

같은 생각, 같은 반응, 같은 언어, 같은 선택을 오늘도 따라가고 있다면, 그것은 더 이상 성격이 아니라 회로다. 회로는 노력보다 습관을 기억하고, 각오보다 패턴을 따른다. 그러니 삶이 바뀌길 원한다면 먼저 뇌가 가장 자주 가는 방향을 바꿔야 한다.

변화는 반복에서 시작된다. 뇌는 지금도 당신이 자주 떠올리는 생각에 따라, 자주 쓰는 말에 따라, 자주 반응하는 감정에 따라, 새로운 회로를 조금씩 만들어가고 있다. 삶을 바꾸는 건 미래에 대한 기대가 아니라, 지금 이 순간의 반복된 조각들이다.

오늘의 반복이 미래를 설계한다

"때가 되면 바뀔 거야.", "나중에 하자."

우리가 흔히 일상에서 쓰는 말이다. 바로 이 '나중'이라는 것이 얼마나 의미 없는 약속인지에 대해서는 설명하지 않아도 알 것이다.

언젠가는 바뀌고 싶다고 말하지만 뇌는 '언젠가'를 기억하지 않는다. 뇌는 내일의 결심보다 오늘의 반복에 반응하고, 미래의 목표보다 지금 떠오른 생각과 감정에 따라 회로를 구성한다. 결국 변화는 결심이 아니라 반복의 방향에서 시작되고, 반복은 지금 이 순간부터 시작된다.

지금 이 감정을 어떻게 해석하는가, 지금 이 상황에서 어떤 질문을 던지는가, 지금 이 장면에서 어떤 말버릇을 반복하는가. 뇌는 그것들을 기준으로 구조를 짠다. 내일을 바꾸고 싶다면 내일을 기다릴 게 아니라 지금의 반응부터 바꿔야 하고, 지금이 다르게 설계되지 않으면 뇌는 과거의 회로를 그대로 재생할 뿐이다.

가난한 뇌는 내일을 약속하지만 오늘은 그대로 살아간다. 더 나은 내가 되겠다고 말하지만 오늘의 언어는 어제와 같다. 감정은 자동으로 흘러가고 해석은 늘 같으며, 선택은 어제의 회로를 따라 반복된다. 뇌는 그 반복을 설계도로 삼고, 내일도 다시 그 회로를 탄다.

부자 뇌는 지금 여기에서 해석을 바꾼다. 같은 상황에서도 "이번에는 어떻게 다룰 수 있을까"라고 묻고, 같은 실수 앞에서도 "지금의 나에게 필요한 건 뭘까"라고 생각한다. 이런 작은 질문 하나가 전전두엽을 깨우고 도파민 시스템을 자극하며 실행 가능한 시뮬레이션을 다시 가동시킨다. 뇌는 그 순간을 '변화가 시작된 지점'으로 인식한다.

중요한 건 크게 달라지는 게 아니다. 작은 문장을 반복하고, 감정을 다른 말로 다루고, 생각의 방향을 하루에 몇 번만 수정해도 뇌는 새 길을 낸다. 회로는 한 번의 계기가 아니라 수백 번의 사소한 반복으로 만들어지고, 삶은 그 회로를 따라 움직인다.

지금의 말, 지금의 감정, 지금의 시선이 이미 당신의 뇌를 설계 중이다. "나는 바뀔 수 있어"라는 한 줄을 자주 반복하는 뇌는 결국 그 신경망을 현실화하고, "지금 이건 다시 다룰 수 있어"라는 태도는 판단의 질을 높이며 감정의 폭을 줄인다. 결국 부자 뇌는 먼 미래를 잘 그리는 뇌가 아니라 지금 이 순간을 정교하게 다루는 뇌다.

당신이 지금 반복하고 있는 말은 무엇인가, 지금 떠오른 감정은 어떻게 해석되고 있는가, 지금 당신의 뇌는 어느 회로를 다시 켜고 있는가. 뇌는 그 작은 반복을 '설계'로 받아들이고, 그 설계는 내일의 선택을 만든다.

뇌는 바라보는 방향대로 연결된다

"세월이 왜 이렇게 빠른 거야?"라며 한숨 쉬며 통장 잔고에 실망하고 자책한다. 절약하려 했고, 계획도 세웠는데 왜 여전히 결과는 같을까. 뭔가를 바꾸려 했지만 결국 달라진 건 없고, 뇌는 또 익숙한 실망의 회로로 되돌아간다. 반복되는 패턴을 끊지 못하는 이유는 행동이 부족해서가 아니라, 뇌가 아직도 같은 방향을 바라보고 있기 때문이다. 뇌는 내가 주의를 두는 곳에 반응하고, 의식이 머무는 곳에 회로를 만든다. 결국 뇌가 달라지려면 보는 방향이 달라져야 한다.

의식은 뇌의 조명이다. 어디를 자주 비추느냐에 따라 뇌는 자극을 감지하고, 특정 회로를 강화한다. "나는 왜 항상 안 되지?"라고 자주 묻는 사람의 뇌는 '실패의 증거'를 수집하고, "이번엔 뭐가 달라졌을까?"라고 묻는 사람의 뇌는 '변화의 징후'를 포착한다. 뇌는 사실보다 질문에 반응한다. 내가 던지는 질문의 방향이 곧 내 회로의 방향이다.

가난한 뇌는 현실을 반사하고, 부자 뇌는 현실을 해석한다. 눈앞의 조건에 즉각 반응하며 감정 회로를 반복하는 뇌와, 그 조건을 해석하고 구조화하는 뇌는 전혀 다른 선택을 내린다. 선택이 바뀌기 전, 그 선택을 바라보는 관점부터 달라져야 한다. 뇌는 내가 반복해서 보는 방식대로 움직인다. 보는 것보다 보는 '방식'이 회로를 만든다.

전전두엽은 중요한 것을 '중요하다'고 판단하게 만드는 장치다. 그리고 그 판단은 자주 향한 의식의 방향에 따라 결정된다. 내가 자주 주목하는 것, 자주 생각하는 흐름, 반복적으로 들여다보는 감정과 단어, 그런 것들이 곧 전전두엽의 명령을 결정한다. 무엇을 바라보느냐는 선택이 아니라 구조이고, 반복된 구조는 뇌를 덮는다.

부자 뇌는 행동보다 해석을 반복한다. 같은 상황에서도 "망했다" 대신 "이건 데이터야"라고 말하고, "역시 나는 안 돼" 대신 "회로가 아직 덜 만들어졌어"라고 말한다. 이 반복이 쌓이면 뇌는 감정을 바꾸고, 감정은 사고 패턴을 바꾸고, 사고는 새로운 선택을 끌어낸다. 부자 뇌는 훈련된 언어를 기반으로 반응을 재설계한 결과다.

의식은 단단하게 보이지만 사실 가장 부드럽게 바뀔 수 있는 회로다. 작은 시선 하나, 반복되는 말버릇 하나, 하루 세 번 떠오르는 생각 하나만 바꾸어도 뇌는 조금씩 다른 회로를 연결한다. 중요한 건 대단한 통찰이 아니라, 지금 이 순간 어떤 질문을 반복하고 있는가다. 뇌는 그 질문에 길을 낸다.

지금 당신이 반복하고 있는 질문은 무엇인가? "나는 왜 못할까"인가, "이건 어떻게 바꿔볼 수 있을까"인가? 이 사소한 차이가 쌓여 뇌의 방향이 정해지고, 방향이 정해지면 삶도 함께 이동한다. 오늘 하루, 질문 하나만 바꿔보자. 그 질문을 반복하는 순간, 뇌는 이미 다른 회로로 연결되고 있다. 부자 뇌는 더 많이 생각하는 뇌가 아니다. 더 나은 질문을 반복하는 뇌다.

되는 뇌는 말버릇부터 다르다

하루에도 수십 번, 우리는 무심코 이런 말을 입에 올린다. "난 안 돼", "이건 내 길이 아니야", "나와는 안 맞아" 뇌는 이러한 말들을 하나의 명령으로 받아들인다. 반복된 말은 뇌의 기본 회로가 되고, 뇌는 그 회로를 따라 감정과 선택을 조율한다. 말은 감정을 불러내고, 감정은 뇌의 작동을 바꾼다. 결국 자주 쓰는 문장은 자주 가는 회로가 되고, 그 회로는 삶의 방향이 된다.

"나는 안 돼"라는 말이 반복되면, 전전두엽은 시뮬레이션을 멈춘다. 대안을 계산하지 않고, 도전 가능성을 닫는다. 감정 회로만 켜진 뇌는 "위험해", "피하자", "이건 내 영역이 아니야"라는 방향으로 반응하고, 결과는 늘 같아진다. 새로운 시도는 무산되고, 판단은 과거 데이터를 기반으로 짧게 작동하며, 뇌는 변화를 예측하지 않고 회피를 선택한다. 이 반복이 쌓이면, 안 되는 회로는 더 짙어진다. 뇌는 그저 현실을 반사할 뿐, 가능성을 탐색하지 않는다.

반대로 "된다면 어떻게?"라는 말은 뇌에게 열린 지시문을 던진다. 질문이 들어가는 순간, 전전두엽은 계산을 시작하고, 도파민 시스템은

'가능성의 시나리오'를 탐색한다. 뇌는 닫힌 결론보다 열린 질문에 훨씬 강하게 반응하고, 시뮬레이션을 시작한다. 질문은 정답을 요구하지 않는다. 단지 뇌가 멈추지 않도록, 탐색을 멈추지 않도록 자극한다. 이 질문이 반복될수록, 뇌는 방향을 유지하고 실행 가능성을 계산하는 습관을 회로에 새긴다.

안 되는 뇌는 질문이 없이 설명과 해석만 있다. "이래서 안 됐어", "그때 그랬잖아", "나는 원래 이런 사람이야." 이 말은 정리 같지만 사실은 포기다. 그 말은 감정을 덜어주는 대신, 뇌의 선택지를 닫아버린다. 말이 반응을 고정하고, 그 반응은 뇌를 반복의 루틴 속에 가둔다.

되는 뇌는 질문을 반복한다. "이번엔 뭐가 달랐을까?", "지금 내가 할 수 있는 건 뭘까?", "시작하려면 뭘 바꿔야 할까?" 이 질문은 뇌를 '실행 전 모드'로 유지시키고, 감정 반응을 지연시키며, 판단 회로를 활성화시킨다. 뇌는 문제보다 질문을 기억하고, 질문을 반복한 방향으로 회로를 강화한다. 생각이 깊은 뇌보다 질문이 많은 뇌가 더 멀리 간다.

오늘 당신의 뇌는 어떤 문장을 기준으로 움직이고 있는가. "나는 안 돼"라는 말이 더 익숙한가, 아니면 "된다면 어떻게?"라는 말이 반복되고 있는가. 지금 당신이 자주 쓰는 그 말이, 지금 뇌가 가장 빠르게 가는 회로다. 바꾸고 싶다면, 말부터 바꿔야 한다. 바꾼 말은 질문이 되고, 질문은 회로를 다시 짜고, 회로는 곧 선택이 된다. 되는 뇌는 질문하는 뇌다.

말하는 방식이 곧 뇌의 방향이다

하루에도 수십 번 우리는 감정에 반응하며 말을 한다. "진짜 짜증 나", "죽고 싶어", "난 원래 이런 스타일이야", "아 몰라, 모르겠고 그냥 힘들어". 이 말들은 감정을 표현하는 것처럼 보이지만, 사실은 뇌에게 반응 회로를 고정시키는 명령문이다. 뇌는 언어를 정보로 받아들이지 않는다. 언어는 곧 감정의 자극이고, 해석의 방식이며, 회로 설계의 도구다.

뇌는 자주 들은 말에 반응하고, 자주 느낀 감정대로 회로를 조정한다. 감정이 언어를 만들기도 하지만, 더 자주 언어가 감정을 구성한다. 같은 상황이라도 "복잡하네"라고 말할 때와 "미치겠네"라고 말할 때, 뇌가 반응하는 감정의 강도는 전혀 다르다. 감정은 말의 톤과 구조에 따라 증폭되거나 가라앉는다. 그리고 그 상태가 반복되면 뇌는 그 방식만 기억한다.

가난한 뇌는 말이 흐릿하고 감정이 뭉툭하다. "그냥 싫어", "좀 이상해", "기분이 안 좋아요" "죽고 싶어"라는 표현은 감정을 나누는 것이 아니라, 감정을 방치하는 결과를 낳는다. 뇌는 구체적으로 해석되지 않은 감정을 처리하지 못하고, 감정 회로는 더 예민하고 무질서하게 확장된다. 반복되는 뭉툭한 말은 뇌에게 애매한 반응을 반복하게 만들고, 결국 감정은 통제가 아니라 과잉 반응으로 굳어진다.

반면, 부자 뇌는 언어가 단정적이고, 감정은 구체적이다. "이건 내가 선택한 일이다", "나는 지금 피곤하고, 약간 실망했고, 동시에 조금 기대된다"라는 말은 뇌에게 명확한 신호를 보낸다. 단정적인 언어는 실행 회로를 켜고, 구체적인 감정 언어는 감정 처리 시스템을 안정화시킨다. 뇌는 정확한 언어를 중심으로 회로를 조직하고, 그 회로는 감정을 흘러가게 하지 않고 정리하게 만든다.

부자 뇌는 감정에 휘둘리지 않는다. 감정을 느끼고, 붙잡고, 언어로 해석하고, 다시 회로화한다. 감정은 자연스럽게 지나가도록 허용하되, 언어를 통해 통로를 만든다. 뇌는 정리된 말과 구체화된 감정을 통해 그날의 선택을 조율한다. 그리고 그 조율이 반복됨으로써 선택의 품질이 높아진다.

언어는 감정의 외형이 아니라 감정의 설계 도면이다. 감정은 환경의 반응이 아니라, 언어적 해석의 결과다. 뇌는 그 해석이 반복될수록 그 방향대로 사고하고 반응하고 선택하게 된다. 당신이 가장 자주 쓰는 문장이 곧 당신의 기본 회로가 되는 것이다. 뇌는 말의 습관을 행동의 기준으로 삼고, 감정 언어의 정교함을 판단력의 기준으로 삼는다.

부자 뇌는 말을 고치기 전에 감정을 억누르지 않는다. 대신 감정을 묘사하고, 언어로 감정을 이동시키며, 감정을 구조 안에 두려고 애쓴다. 그 회로는 감정이 들끓어도 방향을 잃지 않고, 말이 흔들리지 않기에 뇌도 흔들리지 않는다. 오늘 당신의 언어가 흔들렸다면, 뇌는 감정도 함께 흔들렸을 것이다. 그리고 그 감정이 무엇이었는지 제대로 묘사하지 못했다면, 뇌는 아직도 그 감정 안에 머물러 있을 것이다.

자신을 관찰하는 뇌가 선택을 바꾼다

"너 자신을 알라."

고대 그리스의 철학자 소크라테스가 남긴 이 짧은 문장은, 지금도 인간 이해의 출발점이 된다. 명언 중의 명언이다. 그러나 뇌는 자기를 아는 데 익숙하지 않다. 뇌는 자주 반응하고, 드물게 인식한다.

감정은 생각보다 빠르다. 화가 올라오면 말이 거칠어지고, 불안이 밀려오면 몸이 움츠러든다. 말은 이미 튀어나왔고, 선택은 이미 끝나 있다. 그제야 우리는 묻는다. "내가 왜 또 이렇게 반응했지?" 뇌는 감정에 선점당하고, 의식은 그 뒤를 쫓는다. 변화는 여기서 멈춘다. 그러나 어떤 사람은 그 순간, 한 발짝 물러선다. "잠깐, 지금 이 반응은 어디서 온 거지?" 그 질문이 전환점이다. 그 순간, 전전두엽이 깨어난다.

자기인식은 지금 내가 무엇을 느끼고 있고, 어떤 회로를 따르고 있는지를 알아차리는 능력이다. 감정과 생각, 반응과 선택 사이에 아주 얇은 틈을 만드는 기술이다. 뇌는 이 메타인지(Metacognition)가 작동할 때 감정 회로를 진정시키고, 판단 회로를 복귀시킨다. 스스로를 관찰할 수 있는 뇌만이, 선택을 다시 설계할 수 있다.

가난한 뇌는 감정의 흐름을 '나'고 착각한다. 불안한 나는 불안한 사람이고, 분노한 나는 분노 그 자체가 된다. 반응은 반복되고, 뇌는 그 감정을 기본값으로 기억한다. 감정은 습관이 되고, 습관은 회로로 굳는다. 의식은 그 뒤에서 "이건 어쩔 수 없어"라고 합리화한다. 그러나 진짜 문제는 감정이 아니다. 그 감정을 알아차리지 못하는 뇌이다.

부자 뇌는 다르게 작동한다. 감정을 느끼되, 감정 안에 빠지지 않는다. 반응이 올라오는 찰나에 '지금 내가 뭐에 눌린 거지?'라고 자문하는 습관이 있다. 이 질문 하나가 감정과 행동 사이에 간격을 만든다. 그 간격이 뇌의 방향을 바꾸는 문이 된다. 전전두엽은 이 간격을 확보할 때만 상황을 다시 구성할 수 있다.

자기인식은 정교한 기술이 아니다. 오히려 단순한 루틴이다. '지금 내가 느끼는 건 뭘까?', '이 반응은 어디서 왔지?', '지금 나는 어떤 회로를 자동으로 실행했지?' 이 질문들을 하루에 몇 번만 반복해도 뇌는 감정 회로 대신 시뮬레이션 회로를 우선 호출한다. 나를 바라보는 질문이 많아질수록 실수는 줄고, 선택의 품질은 높아진다.

가난한 뇌는 외부 자극에만 반응한다. 사람 때문에 화나고, 일 때문에 우울하고, 환경 때문에 힘들다고 말한다. 부자 뇌는 감정이 올라올 때 내부 회로부터 본다. '지금 이 자극에 왜 이렇게 흔들리지?', '이건 내 오랜 패턴이잖아.' 외부보다 먼저 내부를 본 뇌는 흔들려도 무너지지 않는다. 결국 자기인식은 회복력이다. 자기를 아는 사람은 감정이 흔들려도 방향은 잃지 않는다.

    오늘 당신은 어떤 감정을 반복하고 있었는가? 그 감정이 어디서 왔는지, 어떻게 지나가고 있는지, 지금 이 감정을 내가 알고 있는지. 그 인식이 바로 당신 뇌의 중심을 깨우는 스위치다. 메타인지는 감정을 없애는 것이 아니다. 감정과 나 사이에 공간을 만들어주는 것이다. 그 공간 안에서 뇌는 다시 판단할 수 있다. 한마디로, 메타인지는 '생각에 대한 생각'이다. 내가 지금 뭘 느끼고 있는지, 무슨 판단을 하고 있는지, 그 판단이 적절한지를 자각하는 능력이다.

가난한 뇌는 빠르게 소비하고
느리게 후회한다.
부자 뇌는 느리게 결정하고
거의 후회하지 않는다.
핵심은 정보량이 아니라,
어떤 회로가 우선적으로
호출되고 있는가다.
전전두엽이 열릴 기회를 주는 뇌는
선택의 질이 서서히 올라가고,
감정에 우선순위를 두는 뇌는
반복된 위안을 대가로 비용을 지불한다.

chapter 6

지갑보다
먼저 반응하는
뇌

도파민을
기다리지 말고 설계하라

감정 회로와 판단 회로의 싸움

결제 버튼을 누르기 직전, 뇌는 둘 중 하나의 회로를 먼저 켠다. 하나는 "지금 사고 싶다"는 감정 회로고, 다른 하나는 "이게 정말 필요할까?"라는 판단 회로다. 두 회로는 동시에 켜지지 않는다. 그리고 어느 회로가 먼저 켜졌는지가, 그날의 소비가 후회로 남을지 전략으로 남을지를 결정한다.

fMRI(functional Magnetic Resonance Imaging) 실험이 있다. 기능적 자기공명영상의 줄임말로, 뇌가 어떤 생각을 하거나 감정을 느끼면 해당 부위는 산소를 더 많이 소모하는데, fMRI가 산소를 포함한 혈류의 변화를 감지해서 어떤 뇌 부위가 활성화되고 있는지 실시간으로 추적하는 실험이다. 분노를 느낄 때는 편도체가 활성화되고, 자기통제나 판단을 할 때는 전전두엽이 밝게 나타난다. 바로 이 차이를 fMRI 실험을 통해 시각적으로 증명해내는 것이다.

fMRI 실험 결과 소비 상황에서 전전두엽이 먼저 활성화된 사람은 가격, 대안, 사용 시나리오까지 빠르게 시뮬레이션했다. 반면, 편도체가 먼저 반응한 사람은 감정이 앞서고, 쾌감 중심의 반응이 결정을 이끌었다. 뇌는 감정과 판단을 동시에 가동하지 않는다. 감정이 커지면 판단은 잠시 대기하고, 판단이 작동하면 감정은 배경으로 물러난다.

편도체가 주도하는 뇌는 소비를 감정의 도구로 삼는다. 피곤해서, 외로워서, 심심해서, 나를 위로하기 위해, 뇌는 '지금 이걸 사면 기분이 나아질 거야'라는 회로를 활성화하고, 실행은 빠르지만 복기는 없다. 이 회로는 소비의 원인을 설명하지 않고, 단지 해소의 수단으로써 반복된다. 결국 판단은 미뤄지고, 소비는 반사처럼 굳어진다.

반대로 전전두엽이 먼저 작동한 뇌는 소비를 전략으로 다룬다. 지금 이 소비가 예산 안에 있는지, 필요한지, 대안이 있는지, 감정 상태에 휘둘린 판단은 아닌지를 빠르게 검토하고, 결정을 유예할 수 있는 유연성을 확보한다. 이 뇌는 소비 직전의 침묵을 전략의 기회로 바꾸고, 일상의 작은 선택 하나를 회로 설계의 일부로 기록한다.

가난한 뇌는 빠르게 소비하고 느리게 후회한다. 부자 뇌는 느리게 결정하고 거의 후회하지 않는다. 핵심은 정보량이 아니라, 어떤 회로가 우선적으로 호출되고 있는가다. 전전두엽이 열릴 기회를 주는 뇌는 선택의 질이 서서히 올라가고, 감정에 우선순위를 두는 뇌는 반복된 위안을 대가로 비용을 지불한다.

지금 당신의 소비는 어떤 회로에서 비롯되고 있는가? 결제 직선, '필요해서'라는 말 뒤에 감정이 숨어 있는가, 아니면 판단이 먼저 들어와 감정을 관찰하고 있는가? 뇌는 이 작은 차이를 반복해서 회로로 만든다. 그리고 이 회로는 시간이 흐를수록 자산과 습관, 실행력과 후회라는 결과로 구체화된다.

부자 뇌는 더 똑똑한 뇌가 아니다. 판단을 기다릴 줄 아는 뇌, 감정을 넘기고 구조를 계산할 수 있는 회로를 먼저 여는 뇌다. 지금 당신은 어떤 회로로 생각하고 있는가. 지금 켜진 회로가 바로, 당신의 내일을 설계할 것이다.

말이 씨가 되고 생각이 거름이 된다

'말이 씨가 된다'는 말, 들어본 적 있을 것이다. 입버릇처럼 내뱉은 말이 언젠가 진짜 현실이 되는 것 같아서, 괜히 찜찜한 기분이 들었던 경험도 있을 테다. 그런데 이 오래된 속담이, 의외로 의학적으로도 설득력이 있다. 심리학은 물론이고 뇌과학까지도 이 말을 뒷받침하고 있다.

우선 뇌는 '말'을 단순한 소리로 듣지 않는다. 말을 할 때 활성화되는 브로카 영역(뇌의 좌측 전두엽 아래쪽에 위치)을 아는가. 말을 만들어내고 표현하는 데 관여하는 언어 회로의 핵심 부위다. 브로카 영역에서 언어를 생성하는 역할을 하며, 이 신호는 곧바로 전두엽으로 이어진다. 전두엽은 계획, 의사결정, 목표 설정의 사령탑이다. 쉽게 말해, 우리가 반복해서 말하는 문장은 뇌에게 '이건 중요한 목표'라고 신호를 보내는 셈이다. "난 안 될 거야"라는 말을 자주 하면, 실패를 예견하고 회피하는 회로가 점점 강해지고, "넌 할 수 있어"를 반복하면 도전하고 실행하는 회로가 강화된다. 말이 뇌를 설계하는 코드가 되는 것이다.

이 과정에는 도파민이라는 보상 호르몬도 개입한다. 긍정적인 자기 대화는 도파민 분비를 촉진하고, 이는 의욕과 집중력을 끌어올리는 보상 회로를 자극한다. 반면, 부정적인 말은 공포와 회피 반응을 유도하는 편도체를 활성화시켜, 실제로 몸과 마음이 움츠러드는 반응을 일으킨다. 자기도 모르게 반복하는 말 한마디가, 신경전달물질을 바꾸고, 뇌 회로를 리모델링하며, 나의 행동 경로를 바꿔버리는 것이다.

말이 씨가 되는 동안, 생각은 뿌리를 내리는 거름이 된다. 뇌는 특정 생각이 반복될수록 해당 회로를 더 굵고 튼튼하게 만든다. 이를 신경가소성(neuroplasticity)이라고 한다. 어떤 생각을 자주 하느냐에 따라 뇌의 구조와 기능 자체가 달라진다는 뜻이다. 부정적인 생각은 편도체 회로를 예민하게 만들고, 해마의 감정 억제 기능을 약화시키며, 불안과 우울의 기반을 강화한다. 반대로 감정 분리 훈련, 긍정적인 재해석, 명상, 일기 쓰기 같은 활동은 전두엽-해마 연결을 강화하고, 감정 조절 능력과 회복탄력성을 끌어올린다.

놀랍게도, 우리는 매일 내뱉는 말과 떠올리는 생각으로 스스로의 뇌를 다시 짓고 있는 중이다. 하루하루의 언어가 회로를 짓고, 반복되는 생각이 회로를 비옥하게 만든다. 말은 씨앗이고, 생각은 거름이다. 그 둘이 합쳐져 결국은 '나'라는 정원의 형태를 결정짓는다.

뇌는 농담을 알아듣지 못한다. 부정적인 말도, 자기비하도, 무심코 던진 단어 하나도 진지하게 회로로 기록한다. 마찬가지로, 의식적으로 던진 작은 긍정도 뇌에게는 새로운 길이 된다. 그러니 가볍게 말하지 말아야 한다. 뇌는 우리가 말한 대로, 생각한 대로, 조용히 그리고 성실하게 변하기 때문이다.

부자 뇌는 감정을 넘어선다

불안할수록 내일이 보이지 않는다. 감정이 흔들리는 날엔 지금 이 감정을 덜어주는 일 외엔 아무것도 중요해 보이지 않는다. 이럴 때 뇌는 조용히 시야를 좁힌다. 감정은 커지고 선택지는 작아지고, 판단은 단기화된다. 그때 뇌 안에선 세로토닌이 줄고 있다. 세로토닌은 기분을 좋게 만드는 물질이 아니라, 생각의 범위를 넓히고 선택의 폭을 확장하는 회로의 기반이다.

세로토닌이 풍부할수록 뇌는 감정을 지나갈 수 있는 신호로 해석하고, 감정 뒤에 있는 구조와 방향성을 파악하려 한다. 불확실한 상황에서도 "그래도 길은 있다"는 감각을 유지하게 해주는 것, 바로 이 회로의 유지가 가능해지는 이유는 세로토닌이 감정과 판단 사이를 안정시켜주는 역할을 하기 때문이다.

실제로 우울 점수와 소비 충동 점수 간의 역상관 관계를 보여준 실험이 있다. 2008년 발표된 한 인간 실험(J. Neurosci., 28권 17호, 4528-4532쪽)에서는, 세로토닌 수치를 인위적으로 낮춘 참가자들이 지연된 보상보다 즉각적 보상을 선호하는 경향이 명확히 관찰되었다.

즉, 감정이 불안정할수록 뇌는 '오늘'을 먼저 보고, 미래 예측 능력은 점차 약해진다는 과학적 증거가 있다는 얘기다. 한마디로 세로토닌 농도가 낮을수록 사람들은 장기 목표보다 즉각적인 자극을 택했고, 반복적으로 감정적 소비나 회피적 반응을 선택한다는 것이다. 감정이 불안정할수록 뇌는 오늘만 보게 되고, 그 회로는 미래 예측 능력을 점차 잃어 간다.

세로토닌은 시냅스 간 연결을 강화하고, 그 연결이 많아질수록 뇌는 다양한 시뮬레이션을 동시에 돌릴 수 있다. 계획을 유지하고, 실패를 복기하고, 의미 있는 선택을 반복할 수 있는 뇌는 단지 낙관적인 뇌가 아니라 세로토닌 회로가 활성화된 뇌다. 이 회로가 유지될수록 사람은 더 긴 안목을 갖고, 더 먼 시야에서 판단할 수 있게 된다.

가난한 뇌는 감정에 자주 끌린다. 피로하거나 서운하거나 막막하면, 뇌는 다시 익숙한 위로를 찾고 즉각적인 만족으로 반응한다. 반복된 감정 회로는 판단을 단축시키고, 선택을 축소하며, 미래를 고려하지 않는 회로로 굳어진다. 세로토닌이 낮은 뇌는 지금을 버티는 데 집중하고, 내일을 상상하지 못한다.

반면, 부자 뇌는 감정에서 시작하되, 감정에서 멈추지 않는다. '지금은 조금 흐려졌지만, 이 감정이 다는 아니야'라고 말하는 뇌, '이 감정이 지나가고 나면 다음에 뭐가 있을까?'라고 묻는 뇌이다. 이 뇌는 세로토닌 회로를 유지한 채 감정과 판단 사이의 균형을 복원한다. 부자 뇌는 더 기분 좋은 뇌가 아니라, 더 오래 감정을 다스릴 수 있는 뇌다.

세로토닌은 복잡한 훈련이 아니라 단순한 루틴으로 올라간다. 햇볕을 쬐고, 몸을 움직이고, 단백질을 먹고, 기록하고, 감사하고, 감정을 구체적으로 말하는 것—이 작은 습관이 반복되면 뇌는 안정되고, 그 안정이 시야를 넓히고, 시야가 넓어지면 미래가 다시 보이기 시작한다.

지금 당신의 뇌는 어떤 감정에 반응하고 있는가? 그 감정은 지금을 해석하게 만들고 있는가, 아니면 내일을 포기하게 만들고 있는가? 세로토닌이 충분한 뇌는 눈앞보다 조금 먼 선택을 감당할 수 있는 뇌다. 결국 부자 뇌는 낙관적인 뇌가 아니라 감정을 지나갈 줄 아는 회로를 가진 뇌다.

부자 뇌는 도파민을 설계한다

혹시 경험해보았는가. 아직 돈을 받지 않았는데도 받을 돈, 입금예정의 돈 액수만 떠올리면 가슴이 두근거리고 집중이 살아날 수 있다. 실현되지 않은 보상, 그저 가능성일 뿐인 결과를 상상할 때, 뇌는 이미 활발히 반응하고 있다. 이건 착각이 아니라 과학이다. 도파민은 결과가 아니라 기대에 반응한다. 실제로 뇌는 돈보다, 돈이 올 수도 있다는 보상 예측의 순간에 더 강하게 반응한다.

fMRI(기능적 자기공명영상) 실험은 이 사실을 명확히 보여준다. 보상이 주어질 것이라는 기대만으로도 중뇌의 도파민 시스템은 실제 보상을 받는 순간보다 훨씬 더 활발하게 활성화되었다. 뇌는 확정된 결과보다 예측 가능한 가능성에 더 흥분하고, 그 기대가 있을 때 실행 회로를 가동한다. 결국 뇌는 '얻었다'보다 '얻을 수 있다'를 더 크게 기억한다.

도파민은 쾌락의 호르몬이 아니라 동기의 언료다. 지금 이 행동이 나에게 보상을 줄 수 있을 거라는 시뮬레이션이 돌 때, 도파민은 흐르고, 뇌는 다시 한 번 해볼 이유를 찾는다. 도파민은 확실한 보상보다 기대 가능한 보상을 더 좋아하고, 그 가능성이 반복될수록 뇌는 그 행동을 신뢰 가능한 루틴으로 회로화한다.

가난한 뇌는 이 회로를 꺼버린다. 기대해봤자 실망뿐이라는 경험이 누적되면, 뇌는 예측 자체를 멈추고, 도파민 분비도 줄어들고, 실행 동기도 사라진다. 기대하지 않으면 감정은 덜 상할 수 있지만, 실행되지 않는 뇌는 변화도 만들지 못한다. 기대하지 않는 뇌는 결국 포기하는 회로를 반복한다.

반대로 부자 뇌는 기대를 관리하고 훈련한다. 결과에만 몰입하지 않고, 과정 속에 작은 피드백과 보상 포인트를 심고, 스스로에게 다음 실행을 할 수 있는 동기를 제공한다. 장기 목표를 유지할 수 있는 힘은 결과가 아니라 도중에 공급받는 예측 가능한 도파민에서 나온다. 부자 뇌는 도파민을 기다리지 않고 스스로 설계한다.

도파민은 확률이 0%일 때도, 100%일 때도 조용하다. 뇌가 가장 활발히 반응하는 구간은 기대 확률이 50%일 때, 즉 결과가 불확실하지만 가능성이 열려 있을 때다. 이때 뇌는 집중하고, 감각을 열고, 상황을 정밀하게 읽는다. 뇌는 이 구간을 가장 강하게 기억하고, 다시 해보려는 동기를 유지한다.

결국 뇌는 '보상'보다 '보상이 올지도 모른다'는 구조 안에서 살아난다. 기대는 현실이 아니라 회로이고, 반복 가능한 구조를 갖춘 기대는 뇌의 행동 지속력을 높인다. 부자 뇌는 감정적 쾌감이 아니라, 실행을 유지할 수 있는 설계된 기대 구조 안에서 움직인다. 지금 당신이 기대하고 있는 것이 있다면, 뇌는 이미 그것을 향한 회로를 만들고 있을 것이다.

부자 뇌는 식사도 전략적으로 한다

사람이 이상한 결정을 내릴 때가 있다. 배고플 때 지갑이 열리고, 피곤할 때 다이어트를 포기하고, 짜증 날 땐 쓸데없는 말을 뱉는다. 그때 우린 이렇게 말한다. "내가 잠깐 정신이 나갔었나 봐." 아니다. 그건 정신이 아니라, 뇌에 연료가 부족했기 때문이다.

돈을 잘 버는 사람의 공통점은 엑셀을 잘 돌리거나 주식 타이밍을 잘 맞추는 게 아니다. 감정을 조절하고, 판단을 보류할 줄 아는 사람이다. 이건 의지력이 아니라, 뇌의 상태다. 감정도, 인내도, 계획도 결국 뇌의 컨디션에서 나온다. 그래서 진짜 부자는 전략적으로 먹는다. 뇌가 좋아하는 타이밍에, 뇌가 필요로 하는 재료로, 뇌가 지치지 않게 연료를 넣는다.

가장 빠르게 뇌에 작동하는 자극은 카페인이다. 커피 한 잔은 도파민을 툭 치며 정신을 깨운다. 그래서 부자 뇌는 '첫 회의 전, 딱 한 잔'만 마신다. 그 이상은 도파민 수용체를 둔감하게 하고, 오히려 집중력과 감정 조절을 흐트러뜨린다. 커피는 많이 마실수록 손해인 주식 같은 존재다. 선점은 유리하지만, 과잉 투자하면 위험하다.

두 번째 전략은 좋은 지방이다. 오메가3 지방산, 특히 DHA와 EPA는 뇌세포의 막을 유연하게 만들어준다. 신경 신호가 매끄럽게 오가게 하고, 뇌세포 간의 연결성을 높인다. 쉽게 말해 뇌의 와이파이를 빠르게 해주는 기름이다. 고등어, 연어, 참치 같은 생선을 주 2~3회 챙겨 먹는 건 뇌를 위한 '업데이트'다. '두뇌 회전이 빠르다'는 말은 단지 비유가 아니라, 진짜 뇌가 잘 돌아간다는 뜻일 수도 있다.

그리고 빠질 수 없는 게 세로토닌이다. 감정을 부드럽게 만들어주는 '행복 호르몬'이지만, 갑자기 솟아나는 게 아니다. 세로토닌의 원료는 트립토판이라는 아미노산이다. 문제는, 이놈이 뇌까지 도달하기가 무척 까다롭다는 점이다. 장벽도 많고, 경쟁도 많다. 그래서 도와주는 보조 수단이 필요하다. 바로 비타민 B6다. 바나나, 병아리콩, 견과류, 현미 등에 들어 있는 이 비타민은, 트립토판이 5-HTP로 전환되어 세로토닌이 되게 돕는다. 그러니까, 우울할 땐 '초콜릿 폭식'보다 '바나나 한 개+아몬드 한 줌'이 훨씬 뇌 친화적인 선택이다.

놓치기 쉬운 핵심이 하나 더 있다. 장과 뇌는 한 몸이라는 점이다. 세로토닌의 90%는 뇌가 아니라 장에서 만들어진다. 그래서 장이 예민하면 기분도 예민해지고, 장이 편하면 감정도 안정된다. 발효식품, 요구르트, 김치, 묵은지는 단순한 반찬이 아니라 감정 안정제다. 부자 뇌는 장부터 관리한다. 뇌보다 먼저 밥을 먹는 건 장이니까.

마지막 전략은, 안 먹는 것이다. 간헐적 단식은 도파민 회로를 재정비하는 최고의 리셋 버튼이다. 하루 12~14시간의 공복은 인슐린 감수성을 회복시키고, 뇌의 자가청소 기능인 오토파지를 활성화시킨다. 반면, 밤늦게 먹는 야식은 충동을 더 키우고, 감정의 브레이크를 고장 내는 지름길이다. 부자 뇌는 배고플 때도 논리적이다.

부자 뇌는 계산보다 감정 조절이 먼저다. 전략적인 식습관은 단순히 건강을 위한 루틴이 아니다. 그건 자기감정의 브레이크를 설계하고, 결정의 품질을 높이는 투자다. 결국 우리는 우리가 먹는 것으로 생각하고, 우리가 먹은 것으로 선택한다.

부자 뇌는 협업 회로가 켜진 뇌다

25살 마케팅 사원인 민혁은 '혼자 다 하는 게 빠르다'는 신념이 강했다. 보고서를 혼자 쓰고, 기획도 혼자 틀을 짜고, 팀장한테도 혼자 설명했다. 처음엔 똑똑하고 성실하다는 평을 들었지만, 프로젝트가 반복될수록 피로가 쌓였다. 결정이 느려졌고, 기획은 혼자 고민하다 엉키기 일쑤였다. 무엇보다, 문제 상황에서 누구에게도 솔직히 털어놓지 못했다.

그러던 어느 날, 그는 팀 내 신입 직원이 복잡한 데이터 피벗 분석을 단 5분 만에 정리해주는 모습을 봤다. 늘 혼자 붙잡고 끙끙대던 문제였는데, 한마디 설명과 함께 척척 해결되는 걸 보고, 민혁은 처음으로 '함께하면 더 빠르다'는 생각을 했다. 그 이후 민혁은 중간 보고서를 완성하기 전 동료 두 명에게 검토를 부탁했다. 그의 평소 스타일과는 정반대 행동이었다. 피드백은 의외로 날카롭지 않았고, 수정도 빨랐다. '왜 진작 이걸 안 했을까'라는 말이 절로 나왔다. 민혁은 중요한 보고서 초안을 먼저 공유하고, 마감 하루 전 수정 시간을 확보하는 루틴을 만들었다. 미처 생각하지 못했던 피드백이 나쁘지 않았고, 일이 오히려 수월해졌다. 혼자서 판단하고 책임지는 회로 대신, 나눠 판단하고 나눠 책임지는 회로가 뇌 안에서 깔리기 시작한 것이다.

그가 변한 건 사람이 아니라 뇌였다. 감정을 덜 태우고, 연결을 전략으로 받아들이기 시작하면서, 협업은 피로가 아니라 예측 가능한 시스템이 되었다. 민혁은 이제 말한다. "신뢰를 하는 게 아니라, 신뢰를 설계하는 것 같아요."

뇌는 연결을 반복할수록 안정감을 기억한다. 그리고 그 기억은 옥시토신(Oxytocin)이라는 신호로 회로를 정리한다. 누군가를 믿게 되는 게 아니라, 신뢰 가능한 구조를 받아들이는 뇌가 만들어지는 것, 그것이 부자 뇌의 시작이다.

혼자 판단하고 혼자 책임지면 빨라 보이지만, 오래 가진 않는다. 부는 언제나 관계를 타고 흐르고, 그 관계의 신호를 해석하는 뇌의 능력이 결국 협업의 질과 기회의 총량을 결정한다. 뇌는 사람을 계산한다. 그리고 이때 작동하는 것이 바로 옥시토신이다. 옥시토신은 뇌에서 분비되는 신경전달물질이자 호르몬으로 연인 사이든, 부모와 아기 사이든, 강한 애착과 연결이 만들어지는 그 순간에 뇌가 대량으로 분비하며 유대를 강화하게 된다. 옥시토신은 모성호르몬으로도 유명하다. 여성의 출산 직후, 자궁 수축을 유도하는 데 옥시토신이 핵심 역할을 하고, 수유 중에 매우 강하게 분비되는 호르몬이기 때문이다.

이 같은 옥시토신은 단지 따뜻한 감정의 물질이 아니다. 상대를 위협이 아닌 신뢰 가능성으로 받아들이게 만들고, 타인의 행동을 감정이 아닌 정보로 해석하게 돕는다. 뇌는 이 물질이 충분히 분비될 때, 연결을 피로가 아닌 가능성으로 받아들인다. 관계는 복잡하지만, 옥시토신 회로가 커진 뇌는 관계 안에서도 안정적으로 판단할 수 있다.

실제로 스위스 취리히대 연구팀은 2005년 『Nature』에 발표한 인간 대상의 경제 실험에서, 옥시토신을 투여받은 피험자들이 타인에게 더 많은 금액을 맡기고, 실망을 겪은 후에도 신뢰를 철회하지 않는 모습을 보였다고 밝혔다. 이들은 상황을 감정으로 끊지 않고, 구조적으로 복구할 수 있는 기회로 해석했다. 뇌는 관계를 더 오래 보는 방향으로 회로를 정렬한 것이다. 이 실험은 신뢰와 협업이 뇌 내 호르몬 회로와 직접 연결되어 있음을 보여 준다.

가난한 뇌는 관계를 위협으로 읽는다. 정보는 숨겨야 할 것이고, 감정은 약점이고, 협업은 리스크다. 이 회로 안에서 뇌는 반복된 실망을 기준 삼고, 타인의 변수를 배제하려 하고, 결국 혼자 결정하고 혼자 감당하려 한다. 뇌는 그런 반복을 안전이라고 믿지만, 그 회로는 선택을 좁히고 성장의 속도를 늦춘다.

반면, 부자 뇌는 관계를 시스템처럼 다룬다. 감정을 전부 걸지 않고, 정보를 과하게 공유하지 않으며, 피드백을 그다지 두려워하지 않는다. 신뢰는 낙관이 아니라 관리 가능한 연결이고, 이 회로가 반복되면 뇌는 타인과의 협업을 예측 가능한 전략으로 인식한다. 옥시토신은 그 회로를 안정적으로 유지하는 신경적 기반이다.

신경계는 연결을 자산으로 해석한다. 단순한 감정적 요소가 아니라 실질적인 생존력과 자원, 기회의 기반으로 받아들인다는 의미다. 반복되는 긍정적 상호작용이 도파민과 옥시토신의 균형을 만들고, 전전두엽은 상대의 미세한 표정과 반응을 판단의 근거로 끌어올리게 된다. 신뢰 회로가 강화된 뇌일수록 말은 더 정확해지고, 갈등은 더 조정 가능하며, 실행은 더 멀리 갈 수 있다.

우리는 흔히 신뢰할 만한 사람을 찾으려 애쓰지만, 사실 더 중요한 건 신뢰할 줄 아는 뇌를 설계하는 일이다. 회피보다는 설계, 경계보다는 관리, 고립보다는 예측가능한 협업 등, 부자 뇌는 혼자서 모든 걸 감당하지 않는다. 뇌는 관계의 복잡함을 감정으로 대응하지 않고, 전략으로 다룬다. 옥시토신이 흐르는 뇌는 연결을 리스크가 아닌 자산으로 인식한다.

지금 당신의 뇌는 관계를 피하고 있는가, 아니면 조정하고 있는가. 신뢰는 본능이 아니라 반복된 회로의 결과이며, 그 회로는 지금 이 순간에도 업데이트될 수 있다. 결국 부자 뇌는 더 많은 사람을 다루는 뇌가 아니라, 신뢰를 다르게 해석하는 뇌다.

스트레스가 느껴지면, 잠시 멈춰라

26살 재현은 대기업 면접장에 들어서기 전까지 스스로를 다독였다. 수백 번 연습한 자기소개와 예상 질문, 정리된 키워드가 머릿속에 또렷했다. 막상 면접실 문이 열리고, 자리에 앉아 숨을 고르기도 전에 "자기소개 부탁드립니다"라는 말이 떨어지자마자 모든 것이 멈췄다. 준비했던 말이 떠오르지 않았고, 입은 바짝 마르고, 눈앞이 흐려졌다. 머릿속이 새하얗게 공백이었다. 그 순간, 그의 뇌 안에서는 노르에피네프린이 급격히 분비되고, 편도체가 위기 신호를 발사했으나, 전전두엽은 감정 속도에 밀려 기능을 멈추고 있었다. 정교한 판단 대신, 뇌는 생존 반응 모드로 전환된 것이다.

면접이 끝난 후, 재현은 말했다. "그땐 진짜 아무 생각도 안 났어요. 준비한 게 하나도 안 떠올랐어요." 그것은 준비 부족이 아니라, 뇌가 스트레스 회로에 사로잡힌 상태였다. 이후 그는 매번 중요한 발표나 인터뷰 전에 의식적으로 숨을 고르는 '5분 멈춤' 루틴을 만들었다. 처음엔 그게 무슨 효과가 있을까 싶었지만, 반복할수록 이상하게 안정감이 찾아왔다. 뇌는 그 시간을 위기의 신호가 아닌 '예측 가능한 구조로 받아들이기 시작한 것이다. 그 결과 그는 다음 면접에서는 머릿속이 비지 않았고, 말이 꼬이지 않았으며, 가장 중요한 순간에 전전두엽이 꺼지지 않았다. 뇌는 위기 상황을 반복된 회로대로 반응한다. 그리고 회로는 사소한 멈춤 하나로도 새롭게 설계될 수 있다.

누구나 이러한 상황을 경험해 보았을 것이다. 무언가를 결정해야 할 순간인데 머릿속이 하얘지고, 할 수 있는 게 떠오르지 않는다. 뭐라도 해야 할 것 같은데 손은 망설이고, 마음은 조급한데 생각은 오히려 멈춰 있다. 바로 노르에피네프린이란 신경전달물질이 뇌 안에서 빠르게 퍼지고 있다는 신호다.

노르에피네프린은 스트레스에 반응하는 뇌의 각성 신호다. 위협이 감지되면 편도체는 즉시 활성화되고, 전전두엽은 감정의 속도에 밀려 기능을 일시적으로 멈춘다. 뇌는 정교하게 생각하는 대신 반사적으로 반응하기 시작한다. 이 상태에서 사람은 선택지를 비교하지 않고, 가장 익숙한 반응으로 되돌아간다.

『하버드 헬스』(2024년 4월호) 리뷰에 따르면, 하버드 의대 산하 맥린병원에서 진행한 fMRI 기반 실험 결과, 높은 스트레스 조건에 노출된 피험자들은 편도체의 활성도가 급증했고 동시에 전전두엽의 활동은 현저히 억제되었다. 스트레스는 '뇌를 빠르게 만들지만, 판단은 좁아지게 만듦'을 알 수 있다. 즉, 뇌는 생존 모드로 전환되어 감정과 반응 회로에 집중하고, 세분화된 판단 기능은 닫힌 상태가 된다는 것이다.

가난한 뇌는 이 회로에 반복적으로 갇힌다. 자주 쌓이는 압박, 만성적인 감정 피로, 반복된 불안 속에서 뇌는 항상 경계 상태를 유지하고, 전전두엽은 꺼진 채 편도체만 예민하게 작동한다. 뇌는 시뮬레이션 대신 방어만을 반복하고, 회피와 자동 반응만이 선택지처럼 남는다. 스트레스가 익숙해지면 사고는 사라진다.

반면, 부자 뇌는 그 회로를 알아차릴 줄 안다. 감정이 밀려올 때 "지금 뇌가 과도하게 반응하고 있어"라고 자각하고, 잠시 멈추며 숨을 고른다. 이 멈춤이 감정 회로를 지나가게 만들고, 전전두엽이 다시 켜질 수 있는 시간을 확보해준다. 감정을 끄는 게 아니라, 감정과 판단 사이에 틈을 만드는 것. 그게 회로 조절의 핵심이다.

뇌는 스트레스 상황에서 자동 반응과 판단 가능성 사이에서 선택한다. 중요한 건 감정을 느끼는 게 아니라, 그 감정 속에서 어떤 회로가 실행되고 있는지를 아는 것이다. 회로를 인식하면 조절이 가능하고, 조절이 가능하면 선택의 폭은 다시 넓어진다.

지금 당신의 뇌는 어떻게 반응하고 있는가. 이 감정은 판단을 도와주고 있는가, 아니면 덮고 있는가. 지금 당신은 빠르게 반응하고 있는가, 아니면 잠시 멈추고 있는가. 뇌는 그 순간의 선택을 반복할 회로로 저장한다. 결국 부자 뇌는 더 차분한 뇌가 아니라, 자신의 회로를 먼저 보는 뇌다.

성공한 사람들의 공통점은
회로가 잘 짜여 있다는 점이다.
그들은 동기를 기다리지 않는다.
대신 뇌가 반응할 구조를
먼저 만들어놓는다.
운동 후 좋아하는 샤워젤,
원고 마감 후 찾는 카페,
일과 끝나고 마시는 허브차.
이 모든 건 도파민 친화적 자기보상이며,
선택을 반복하게 만드는
회로 강화 장치다.

chapter 7

뇌는 각본을 반복하고, 나는 각본을 바꾼다

전두엽을 깨우라

'나는 이런 사람'에서 빠져나오기

29살 주희는 늘 스스로를 '작심삼일 인간'이라고 불렀다. 헬스장에 등록해서 세 번인가 했고, 다이어트는 월요일에 시작해서 수요일이면 끝났다. 자기계발서를 책장에 꽂아두기만 한 채, 늘 '난 원래 그래'라는 말로 스스로를 합리화했다. 처음엔 농담으로 한 말이었지만, 나중엔 자기를 보호하는 벽이 되었다. "계획 세워봤자 소용없어"라는 말은 실패가 아니라 반복된 회로의 반응이었다.

그러던 어느 날, 친구가 쓰는 '3줄 일기'를 봤다. 뭘 대단히 쓰는 것도 아니었다. 그냥 하루를 간단히 정리하는 짧은 글이었다. 주희도 따라 해봤다. "오늘은 업무가 많았고, 중간에 짜증이 났다. 그래도 끝까지 했다. 생각보다 기분이 나쁘지 않다." 고작 그 정도였다. 그런데도 이상하게 스스로가 조금 다르게 느껴졌다. "나는 늘 중간에 포기해"라는 말이 그날따라 좀 어색하게 들렸다.

다음 날도, 그다음 날도 3줄 일기를 썼다. 하루를 버텨냈다는 기록, 감정을 알아차렸다는 문장, 작지만 끝낸 일이 있다는 증거가 되었다. 그저 단순한 습관이 아니라, "나는 조금씩 달라지고 있어"라고 뇌에 입력하는 것이었다. 정체성은 선언이 아니라, 뇌가 반복해 인식한 경험이다. 주희는 어느 순간, 자기를 '금방 포기하는 사람'이라고 말하지 않게 되었다.

주희는 이제 말한다. "나는 생각보다 괜찮은 사람인 것 같아요. 적어도 오늘은."

뇌는 그 문장을 받아 적는다. 그리고 내일의 회로를 새로 설계한다. 정체성은 태도가 아니라 누적이다. "나는 원래 이런 사람이야"라는 말은, 어제의 회로를 계속 반복하겠다는 선언일 뿐이다.

이렇듯 뇌는 반복된 감정과 행동을 하나의 고정된 이야기로 정리한다. 그 이야기는 언젠가 이렇게 요약된다 '나는 원래 이런 사람', '늘 작심삼일로 끝나는 사람', '돈을 못 모으는 사람', '감정 기복이 심한 사람', '쉽게 포기하는 사람'… 이 모든 자기 규정은 사실, 반복된 회로가 만든 결과일 뿐이다. 정체성은 본질이 아니라, 입력값의 누적이다.

사람은 기억하고, 뇌는 학습한다. 자신을 특정 방식으로 규정해온 말투와 습관, 감각과 감정의 패턴이 뇌 안에서 한 방향으로만 흐르다 보면, 그 구조는 어느새 '나'라는 이미지로 굳어지고, 뇌는 점점 그 이미지에 맞춰 반응한다. 그래서 사람은 바꾸기를 원하면서도, 스스로 만든 정체성 안에 머무르게 된다. "나는 원래 그런 사람이니까"라는 말은, 사실상 뇌의 관성이다.

하지만 뇌는 고정된 존재가 아니다. 회로는 쓰인 대로 다시 쓰이고,

정체성 역시 바뀔 수 있다. 변화는 의지나 선언이 아니라, 회로의 흔들림에서 시작된다. 그 시작은 질문이다. "정말 그런가요?", "나는 진짜 그런 사람인가요, 아니면 그렇게 살아온 패턴이 계속될 뿐인가요?". 질문은 뇌의 자동완성을 멈추게 하고, 그 틈에 아주 작은 가능성이 들어온다. "나는 내가 아는 나보다 더 큰 사람일지도 몰라."

이제 행동이 필요하다. 정체성 회로는 한 번의 각성이 아니라, 이미지에 어울리지 않는 작은 행동의 반복으로 설계된다. '나는 감정 조절이 안 되는 사람이야'라는 회로는 단 3초의 호흡 멈춤으로 금이 가고, '나는 늘 중간에 포기해'라는 이미지도 오늘 단 한 가지를 끝내는 경험으로 수정되기 시작한다. 뇌는 즉각 바뀌지 않지만, 자주 경험하게 되면 결국 받아들인다. 그게 진짜 나라고 믿기 시작한다.

그러니 확신이 없어도 괜찮다. 처음엔 어색한 말도 괜찮다. 중요한 건 그 문장을 따라 살아가는 경험의 누적이다. "나는 정리된 공간에서 집중하는 사람이다", "나는 실수를 해도 다시 시도하는 사람이다", "나는 내 일정을 스스로 조율하는 사람이다", "나는 내 감정을 관찰할 줄 아는 사람이다". 이런 문장대로 하루하루 살아가는 것, 그것이 바로 정체성 회로를 다시 쓰는 일이다. 뇌는 지금도 우리 안에서 이야기를 쓰고 있다. 그 자동완성의 이야기를 멈추고, 수동 입력으로 새로 써야 할 시간이다. 그 첫 문장은 이렇게 시작될지 모른다.

"나는, 생각보다 괜찮은 사람이다."

나의 뇌 사용 설명서를 쓰라

26살 연주는 중요한 발표가 있는 날이면 늘 옷부터 신경 썼다. 발표 내용보다 앞머리와 블라우스가 더 중요하게 느껴졌고, 스타일링에 들어가는 돈은 늘 예산을 넘었다. 이번에도 마찬가지였다. 며칠 전 카드값이 빠져나가 통장 잔고가 바닥이었지만, 어떻게든 구두 한 켤레를 사야겠다는 생각은 멈추지 않았다. 결국 그는 현금서비스를 눌렀다. 마음 한쪽은 '이번이 마지막'이라며 스스로를 설득했고, 다른 한쪽은 이미 포기한 얼굴이었다.

그날 저녁, 집에 돌아온 연주는 영수증을 쥔 손으로 이마를 짚었다. "또 그랬네." 이 말이 입에서 자동으로 흘러나왔다. 그 말도, 그 상황도 낯설지 않았다. 한 달에 한두 번은 꼭 반복됐고, 쓴 돈은 후회로 이어졌고, 후회는 자책으로 굳어졌다. 그 자책이 반복될수록 연주는 점점 자신을 이렇게 정의하게 됐다. '나는 돈 관리를 못하는 사람이다', '나는 자존심을 못 버리는 사람이다'. 처음엔 감정이었지만, 그 감정은 어느새 정체성처럼 뇌에 새겨졌다.

그때 뇌는 조용히 회로를 정리하고 있었다. 해마는 과거의 기억을 꺼냈고, 편도체는 그 기억에 수치심과 초조함을 덧씌웠으며, 전전두엽은 그 감정의 속도에 밀려 아무 말도 꺼내지 못한 채 뒤로 물러섰다. 판단은 늘 늦게 도착했고, 반응은 익숙하게 반복됐다. 연주는 매번 같은 장면을 살았고, 그 장면은 뇌 안에 '나라는 사람의 이미지'로 저장됐다. '나는 늘 이렇다니까'. 그 말은 현실이 아니라, 회로였다.

하지만 어느 날, 연주는 소비를 마친 후 처음으로 메모 앱을 열었다. "오늘은 발표 때문에 긴장했고, 그 불안을 예쁜 겉모습으로 덮고 싶었다." 단 한 줄이었다. 그런데 그 문장이 뇌 안에 낯선 회로를 만들기 시작했다. 그날 이후 그는 소비의 순간마다, 혹은 그 직후에 감정 한 줄을 적었다. '지금은 외롭다', '지금은 인정받고 싶다', '지금은 초라해 보이고 싶지 않았다'… 그렇게 메모가 쌓이자 이상하게 소비가 줄었다. 아니, 정확히 말하면 감정이 먼저 인식되었다. 그리고 그 인식이, 선택을 미루게 만들었다.

이제 연주는 말한다. "나는 가끔 자존심 때문에 돈을 쓸 뻔하는 사람이다. 하지만 알아차릴 수 있는 사람이다." 뇌는 그 문장을 진짜 나로 받아들이기 시작했다. 정체성은 성격이 아니라 반복이고, 반복은 바뀔 수 있다. 회로는 그렇게, 아주 작은 문장 하나에서부터 다시 써지기 시작한다.

사람은 살면서 "또 그랬네"라는 말을 자주 하게 된다. 실수한 뒤, 후회하면서, 그런데도 다시 같은 선택을 하고 있다는 사실을 깨달을 때,

우리는 감정을 꺼내 들고 본능처럼 그것으로 모든 판단을 감싼다. 그러나 뇌는 단지 감정만 다루는 기관이 아니다. 기억과 감정, 판단의 회로를 동시에 작동시키는 구조이며, 그 구조는 반복될수록 더 견고하게 굳어진다.

특히 돈과 관련된 판단처럼 감정과 이성이 충돌하는 장면 앞에서 뇌는 해마, 편도체, 전전두엽이라는 세 개의 주요 영역을 동시에 호출한다. 해마는 과거의 기억을 꺼내고, 편도체는 그 기억에 감정을 입히며, 전전두엽은 그 감정과 기억을 바탕으로 지금의 선택을 설계한다. 이 삼각 회로는 빠르고 정교하며, 대부분 무의식 아래에서 작동한다.

뇌는 정보를 저장하지 않는다. 감정이 묻은 장면을 기억한다. "그때 돈을 쓰고 후회했었지", "그 사람 말에 자존심이 상했었어", "비슷한 상황에서 망한 적 있었잖아" 같은 문장은 뇌 안에서 '논리'가 아닌 '느낌'으로 저장되며, 편도체는 그 감정을 빠르게 증폭시키고 확대시킨다.

긴장, 불안, 피로감은 전전두엽이 개입하기도 전에 먼저 반응하며, 뇌는 즉시 행동을 줄이고, 판단을 생략하고, 방어를 선택한다. 그렇게 뇌는 비교보다 회피를 택하고, 계획보다 피로감을 먼저 느끼며, 감정의 무게에 휘둘리는 반응 중심의 회로를 고착시킨다.

해마는 기억을 되살리고, 편도체는 그 기억을 감정으로 부풀리고, 전전두엽은 그 둘 사이에서 발언 기회를 얻지 못한 채 뒤로 밀린다. 그렇게 판단은 늦게 도착하고, 반응은 반복되고, 뇌는 점점 더 감정적으로 예측 가능한 방식으로 움직인다.

하지만 회로를 의식하는 순간, 뇌는 달라지기 시작한다. 기억이 올라오고 감정이 활성화되는 찰나에 "지금 내 뇌는 어느 길을 따라가고 있지?"라고 자문하면, 전전두엽은 그 질문에 응답할 수 있는 여지를 갖게 된다. 감정이 아닌 구조가 선택의 기준이 되고, 반응이 아닌 설계가 행동의 출발점이 되며, 뇌는 마침내 새로운 경로를 허용하게 된다.

그 변화는 거창하게 시작되지 않는다. 지금의 감정과 습관을 단 한 줄로 붙잡는 것, 바로 그것이 '나의 뇌 사용 설명서'를 쓰는 일이다. "오늘 나는 어떤 감정으로 돈을 썼는가?", "그 감정은 익숙했는가, 새로운 감정이었는가?", "그 익숙함은 나를 보호했는가, 혹은 가뒀는가?" 같은 질문은 뇌의 자동 회로를 깨우는 자극이 되고, 그 자극은 회로를 수정할 수 있는 작은 틈을 만든다.

기록은 단지 감정을 메모하는 행위가 아니다. 기록은 감정을 바라보게 만들고, 감정을 해석 가능한 형태로 바꾸며, 감정과 판단 사이에 '멈춤'이라는 인식을 끼워 넣는다. 뇌는 반복에 약하고 언어에 민감하기 때문에, 매일 쓰는 말은 곧 뇌가 따르는 길이 된다. 당신이 매일 '불안하다'고 쓰면 뇌는 불안을 기본값으로 기억하고, '괜찮다'고 쓰면 뇌는 그 감정을 회로의 일부로 받아들인다.

뇌는 당신이 반복한 방식대로 당신을 기억하고, 당신이 자주 사용하는 감정의 언어로 당신의 미래를 설계한다. 그렇다면 오늘 하루, 감정의 흐름을 그냥 흘려보내지 말고 문장으로 붙잡아보자. 감정이 기록되는 순간, 무의식은 의식의 영역으로 끌려 나오고, 그 끌림이 뇌의 구조를 다시 쓰는 출발점이 된다.

지금 당신은 어떤 회로 위에 서 있는가. 그 회로는 당신이 원하는 삶으로 향하고 있는가. 당신의 뇌는 오늘도 반복된 방식으로 당신을 기억할 것이다. 단 한 줄, 오늘의 감정을 당신의 언어로 적어보자. 그 문장이 바로 뇌의 방향을 바꾸는 첫 번째 설계가 된다.

나는 지금 이 순간에도 충분해

돈은 숫자지만, 뇌는 그것을 감정으로 해석한다. 우리는 돈을 계산하지만, 뇌는 기억을 꺼내고, 감정을 입히고, 판단을 설계한다. 돈 얘기만 나와도 마음이 불편해지고, 소비하면서도 죄책감이 따라붙으며, 충분히 벌고도 부족하다는 느낌이 사라지지 않는 이유는, 뇌가 과거의 감정으로 반응하는 회로를 만들었기 때문이다.

뇌는 숫자를 외우지 않는다. 대신, 숫자에 덧씌워진 감정을 기억한다. 어릴 적 들었던 "그건 없어 보여", "돈 얘기는 천박해" 같은 말은 해마에 저장되고, 편도체와 연결되어 감정의 회로를 형성한다. 반복된 자극은 스크립트가 되고, 그 스크립트는 상황이 비슷해질 때마다 자동으로 재생된다. 감정은 뇌 안에서 의식보다 빠르고, 반복될수록 반응은 더 자동화된다.

수치심은 '나는 부족하다'는 감정이다. 단지 돈이 부족한 게 아니라, 나 자체가 부족하다는 감각에서 출발한다. 돈 얘기를 꺼낼 때마다 마음이 움츠러들고, 지출을 설명할 때 자존감이 흔들리는 이유는, 돈을 나의 존재감과 연결한 회로가 작동하고 있기 때문이다. 뇌는 자극 앞에서 비교와 시선을 빠르게 불러오고, 감정은 판단보다 먼저 튀어 나온다.

죄책감은 '내가 잘못하고 있다'는 감정이다. 소비할 때마다 '괜찮을까?', '낭비 아닐까?' 하는 내면의 음성이 따라오고, 계산서보다 양심이 먼저 반응한다. 억제된 감정은 나중에 충동으로 터지고, 소비는 자제와 보상의 루프 속에서 진동한다. 죄책감 회로는 사고를 멈추게 하고, 판단을 모호하게 만들며, 결국 후회를 예고된 감정처럼 반복시킨다.

결핍감은 '나는 충분하지 않다'는 감정이다. 통장에 여유가 있어도 마음은 늘 불안하고, 더 가지지 않으면 안심이 되지 않는다. 뇌는 부족함을 현실로 판단하지 않는다. 부족하다는 감정을 안전 기준으로 설정하고, 그 감정이 반복될수록 불안은 습관이 된다. 어릴 적 조건부 사랑이나 끊임없는 비교 속에서 성장한 사람은, 가진 것과 무관하게 늘 더 채워야 한다는 회로를 갖게 된다.

이 세 감정은 단순한 느낌이 아니라, 뇌의 반응 경로다. 수치심은 말문을 막고, 죄책감은 선택을 줄이며, 결핍감은 안심하지 못하게 만든다. 회로는 논리보다 감정으로 구성되고, 감정은 언어에 의해 강화된다. 그리고 뇌는 우리가 반복한 언어를 '내면의 진실'처럼 저장한다. 이때 필요한 건 그 감정의 문장을 바꾸는 일, 즉 스크립트를 다시 쓰는 것이다.

'나는 돈 얘기하면 작아진다'는 말은 수치심 회로를 단단하게 만든다. '소비를 하면 죄책감이 따라온다'는 말은 죄책감 회로를 강화하고, '나는 늘 부족하다'는 말은 결핍 회로를 반복시킨다. 하지만 그 문장을 다르게 말할 수 있다면, 뇌는 다른 회로를 선택할 수 있다. '나는 돈과 나를 분리해서 볼 수 있다'는 문장은 판단의 여지를 만든다. '나는 내 선택을 신뢰해도 괜찮다'는 말은 감정에서 거리를 두게 하고, '나는 지금 이 순간에도 충분하다'는 문장은 뇌에 안정감을 준다.

문장을 바꾼다는 건 생각을 바꾸는 게 아니라, 뇌의 반응을 새로 훈련하는 일이다. 하루에 한 줄씩, 감정의 문장을 바꿔 써보자. '나는 돈을 쓸 때 위축되지 않는다', '나는 내가 선택한 소비를 부끄러워하지 않는다', '나는 충분하다, 그리고 부족하다는 감정도 곧 지나간다'는 문장들은, 처음엔 어색하지만, 반복될수록 뇌는 그것을 나의 회로로 받아들인다.

뇌는 당신이 가장 자주 반복한 방식대로 당신을 기억한다. 감정을 바꾸려면, 그 감정이 흐르는 언어를 먼저 바꿔야 한다. 오늘의 감정이 내일의 판단이 되고, 오늘의 문장이 내일의 회로를 결정한다. 감정의 각본을 다시 쓴다는 건, 그 회로에서 빠져나오는 가장 구체적인 방법이다.

나만의 뇌 회로를 설계하는
동기 부여 루틴

27살 수진은 늘 자신을 의지가 약한 사람이라고 생각했다. 영어 인강을 결제해 놓고도 두 번째 강의에서 멈췄고, 헬스장 등록도 이틀을 넘긴 적이 없었다. "나는 왜 이렇게 꾸준함이 없을까?"라는 자책이 습관처럼 반복됐다. 동기부여 영상도, 다짐도, 벽에 붙여둔 자극적인 문장도 더는 작동하지 않았다. 그냥 하기 싫었고, 아무것도 시작할 마음이 들지 않았다.

그러던 어느 날, 인강 앱에서 '3일 연속 출석 시 이모티콘 지급'이라는 문구가 떴다. 대수롭지 않게 넘기려다 '이것만이라도 해볼까' 싶은 마음에 강의를 하나 들었다. 완료 표시와 함께 귀여운 고양이 이모티콘이 화면에 떴고, 이상하게 기분이 조금 나아졌다. 다음 날도, 또 그 다음 날도 수진은 출석을 눌렀고, '3일 연속 출석' 배너가 뜨자 작은 성취감이 찾아왔다. 강의를 완주한 건 아니지만, 뭔가를 해냈다는 기분이 생긴 건 오랜만이었다.

그 경험 이후, 수진은 작은 보상표를 만들기 시작했다. 하루에 강의 하나를 들으면 스티커 하나, 5개가 모이면 아이스크림 하나, 일요일마다 스티커를 모두 붙이면 주말엔 좋아하는 영화를 한 편 보게 해주기로 했다. 거창한 계획은 아니었지만, 손이 먼저 움직이기 시작했다. 목표보다 '붙이는 행위'가 먼저였고, 결과보다 '보상 받을 기대감'이 수진을 움직였다.

물론 수진은 여전히 완벽하지 않다. 빠뜨리기도 하고, 미루기도 하고, 다시 시작하기도 한다. 하지만 예전처럼 스스로를 미워하지 않는다. 대신 구조를 바꾸고, 보상을 줄이고, 알림음을 바꿔보는 식으로 회로를 조정한다. 이제 수진은 동기를 기다리지 않는다. 뇌가 반응할 만한 작은 기대를 미리 심어둔다. 수진은 말한다. "나는 의지가 약한 사람이 아니라, 보상을 알아야 움직이는 뇌를 가진 사람이다."

우리는 동기부여가 되지 않는다고 말하는 순간, 종종 의지가 부족하다고 자책한다. 그러나 뇌는 의지로 움직이지 않는다. 뇌는 보상에 반응한다. 그리고 그 보상의 중심에는 도파민이라는 '기대의 분자'가 있다. 도파민은 결과가 아니라, '거의 다 왔다'고 느끼는 찰나에 가장 강하게 분비된다. 그러므로 뇌를 움직이게 하는 건 거창한 성취가 아니라, 작고 구체적인 '기대의 단서'다.

목표를 세우는 것보다 중요한 건, 그 목표를 도파민 시스템에 맞게 '쪼개는 기술'이다. 예컨대 '한 달에 100만 원 저축하기'는 뇌에게 너무 멀고 막막한 목표다. 대신 '오늘 커피 한 잔 값 아껴보기', '지출 내역을 앱에 기록하기', '앱에 기록하면 이모티콘 하나 지급하기'처럼 작고 즉각적인 행동과 보상을 설계해야 한다. 이런 구조는 뇌가 '기대→행동→보상'의 루틴을 학습하는 데 최적화되어 있다.

뇌는 단기적이고 예측 가능한 보상에 민감하다. 따라서 보상표를 만들 때는 구체성과 반복 가능성을 가장 먼저 고려해야 한다. 행동 하나에 스티커 하나, 5일 연속 성공하면 음악 플레이리스트 1시간 허용, 주간 누적 3회 달성 시 영화 한 편 관람처럼, '즉각적이고 누적 가능한 계단형 보상'이 효과적이다. 작은 성취가 반복되면 뇌는 보상 없이도 움직이는 회로를 만든다. 결국 행동 자체가 보상이 되는 시점이 온다.

도파민 회로는 측좌핵과 전두엽, 해마, 편도체를 오가며 '기대→행동→피드백'의 리듬을 조율한다. 이 리듬은 의지보다 강력하며, 반복될수록 자동화된다. 중요한 건 이 구조를 눈에 보이게 만들고, 매일 입력하고, 누적할 수 있는 시스템으로 고정하는 일이다. 보상 캘린더, 앱, 수기 스티커판 등 어떤 형식이든 상관없다. 핵심은 '나의 뇌가 바로 알아들을 수 있는 방식'으로 설계하는 것이다.

성공한 사람들의 공통점은 회로가 잘 짜여 있다는 점이다. 그들은 동기를 기다리지 않는다. 대신 뇌가 반응할 구조를 먼저 만들어놓는다. 운동 후 좋아하는 샤워젤, 원고 마감 후 찾는 카페, 일과 끝나고 마시는 허브차. 이 모든 건 도파민 친화적 자기보상이며, 선택을 반복하게 만드는 회로 강화 장치다.

뇌는 크고 멀리 있는 보상엔 별로 관심이 없다. 뇌가 원하는 건 '지금', '여기', '내가 좋아하는 것'이다. 작고 구체적인 보상이 모이면 회로가 바뀌고, 회로가 바뀌면 행동이 달라지고, 행동이 달라지면 결국 인생도 달라진다. 의지를 믿기보다, 구조를 만들어라. 기다리지 말고, 기대하게 만들어라. 그 시작은, 지금 이 자리에서, 작은 보상 하나를 설계하는 것에서부터이다.

돈, 감정, 관계를 동시에 바꾸는
뇌 통합설계법

30살 직장인 영임은 고속터미널 지하상가, 일명 '고터'를 좋아한다. 월급날엔 꼭 들렀고, 스트레스를 받으면 해소한답시고 또 갔다. '구경만 하는 거야'라는 다짐과는 달리, 집에 돌아올 때는 거의 빠짐없이 쇼핑 가방이 손에 들려 있었다. 스스로 위로한다는 핑계로, 예쁜 '신상'이 나왔다는 이유로, 카드를 꺼내는 일은 거의 반사신경처럼 빠르게 이뤄졌다. 집에 돌아오면 늘 한숨과 함께 똑같은 말이 튀어나왔다. "이번 달은 진짜 좀 아끼자고 했잖아, 또 질렀네…"

영임이는 소비를 후회하면서도, 왜 그런 선택을 반복하는지 정확히는 몰랐다. 예산 계획이 문제일까, 의지가 약해서일까, 단순히 돈이 많지 않아서일까. 그러다 어느 날, 친구와 사소한 말다툼 직후 무의식처럼 지하상가로 향하던 자신의 모습이 떠올랐다. 생각해보니 감정이 상한 날에는 꼭 뭔가를 샀고, 관계에 균열이 생길 때일수록 더 큰 지출이 있었다. 영임에게 소비는 돈의 문제가 아니라, 감정의 대응 방식이었고, 관계를 피하는 습관이기도 했다.

자신의 소비 습관을 인식한 다음 날부터 영임은 작은 루틴을 만들어 보았다. 아침엔 오늘 쓸 수 있는 소비 항목을 세 줄로 적었고, 점심엔 감정을 한 단어로 기록했다. '서운함', '초조함', '불안함' 등 처음 해보는 일이라 어색했지만, 적고 나면 이상하게 마음이 정리되는 느낌이 들었다. 저녁에는 하루 한 사람씩 메시지를 보냈다. 고맙다거나, 별일 없냐 같은 짧은 인사 문자였다. 그날도 회사에서 열 받는 일이 있었지만, 영임이는 고터지하상가에 가지 않았다. 쇼핑몰 앱도 켜지 않았다. 하루가 평소보다 조용히 흘러갔고, 자기도 모르게 이렇게 중얼거렸다. "오늘은 괜찮은 하루였네…"

그 뒤로도 영임이는 무언가를 완벽하게 바꾼 건 없다. 다만 세 가지 루틴(지출 계획, 감정 체크, 연결 행동)을 하루 흐름 안에 나란히 배치했다. 그러자 이상하게 소비가 줄었고, 그보다 더 놀라운 건 감정이 덜 요동쳤다는 점이었다. 지출이 줄었다는 건 단순히 숫자의 변화로 그친 것이 아니라 감정 회로가 조절되었다는 의미였다. 사람과의 관계도 덜 피곤했고, 사소한 갈등에도 전처럼 쉽게 흔들리지 않았다. 영임이는 말한다. "돈은 그냥 숫자가 아니라, 내가 감정과 관계를 다루는 방식 그 자체였어요."

뇌는 모든 루틴을 연결해서 기억한다. 영임이의 하루가 달라진 건 '하루 3분 루틴'이 대단해서가 아니라, 그 루틴이 재정, 감정, 관계를 하나의 회로로 통합했기 때문이다. 뇌는 분리된 행동보다 전체 흐름을 더 잘 인식하고, 안정된 구조 속에서 비로소 반응을 바꾼다. 그리고 그 구조는 늘 거창한 변화가 아니라, 아주 작고 단순한 실천에서 시작된다.

뇌는 반복되는 루틴을 통해 세상을 이해한다. 반복된 자극이 하나의 회로로 굳어지고, 그 회로는 우리의 생각과 감정, 행동을 통제하게 된다. 그래서 우리는 늘 같은 방식으로 돈을 쓰고, 같은 방식으로 화를 내며, 같은 방식으로 사람을 대한다. 그런데 중요한 건, 이 루틴들이 사실 따로 작동하는 게 아니라는 점이다. 뇌는 돈, 감정, 관계를 따로 보지 않는다. 뇌는 하나의 연결된 패턴으로 움직인다. 그러한 연유로 재정 루틴, 감정 루틴, 관계 루틴은 통합해서 설계해야 한다.

재정 루틴은 뇌의 전전두엽을 훈련시킨다. 전전두엽은 '미래를 계산하고, 지금의 욕구를 보류할 줄 아는 능력'을 담당한다. 매일 소비를 기록하고, 주간 예산을 검토하며, 장기 목표를 재확인하는 루틴은 단순한 돈 관리가 아니다. 그것은 충동의 회로를 끊고, 선택과 실행의 회로를 확장하는 뇌 기반 훈련이다. 반복이 쌓이면, 돈에 대한 감정적 반응은 줄고, 논리적 판단이 앞서게 된다. 이 회로가 강할수록 '소비가 아닌 선택'이 일상화 된다.

감정 루틴은 편도체와 해마를 조율한다. 편도체는 감정의 경보 시스템, 해마는 감정의 기억 저장소다. 이 둘이 과도하게 연결되면, 뇌는 과거 감정에 쉽게 휘둘린다. 하지만 매일 감정을 언어로 적고, 신체 반응을 관찰하고, 한 걸음 떨어져 감정에 '이름 붙이는 연습'을 하면, 감정은 정보가 된다. 명상, 호흡, 감정 일기 같은 루틴은 감정 반응을 자동화된 패턴에서 의식적 선택으로 전환시킨다. 감정은 통제하는 것이 아니라 훈련하는 것이다.

관계 루틴은 뇌의 사회적 회로망, 즉 타인에 대한 신뢰와 연결의 회로를 작동시킨다. 매일 감사 메시지를 보내거나, 하루 한 번 친절한 언어를 사용하거나, 정기적으로 관계를 '점검하는 루틴'을 실천하면 뇌는 '사람은 안전하다'는 경험을 축적한다. 이 경험이 쌓이면, 뇌는 의심과 방어 대신 개방과 유대의 회로를 강화한다. 인간관계는 감정의 반사신경이 아니라 회로의 결과다.

세 가지 루틴이 따로 노는 삶은 뇌에게 혼란을 준다. 재정 루틴은 논리를 요구하는데, 감정 루틴은 폭주하고, 관계 루틴은 신뢰를 잃는다. 반면, 이 세 가지가 하나의 통합 구조로 연결되면 뇌는 처음으로 '안정된 전체성'을 경험한다. 아침엔 오늘의 소비 계획을 세우고, 오후엔 감정 체크인을 하며, 저녁엔 감사 메시지를 보내는 하루 3분 루틴. 단순해 보이지만 이 루틴은 전전두엽의 실행력, 편도체의 감정 조절력, 사회적 회로의 공감력을 동시에 훈련하는 일이다.

결국 뇌는 '균형 잡힌 자극'을 원한다. 반복될수록 뇌는 이 구조를 안전한 틀로 받아들이고, 그 틀 안에서 자유롭게 움직이기 시작한다. 돈에 흔들리지 않기 위해선 감정이 안정되어야 하고, 감정이 안정되려면 관계의 온도가 적절해야 한다. 이 흐름은 분리될 수 없다. 뇌는 '전체 시스템'으로 반응하고, 루틴은 그 시스템의 언어다. 그래서 루틴은 단순한 습관이 아니라, 뇌를 설계하는 도면이다.

생각은 내가 하고, 행동은 뇌가 한다

 열심히 살면 언젠가는 잘될 거라 믿었다. 새벽에 일어나고, 피곤한 몸을 이끌고, 책을 손에서 놓지 않으며 하루를 버텼다. 그렇게 성실을 쌓았는데도 인생은 어느 날 무너졌다. 버티고, 참고, 또 견디던 어느 밤, 문득 '이렇게까지 살아야 하나'는 생각이 스쳤다. 그 생각은 끝이 아니라 시작이었다. 하루에도 몇 번씩 사라지고 싶다는 충동이 올라왔고, 그 충동은 어느 순간 익숙한 감정으로 변해 있었다. 그리고 그 순간, 떠오른 말이 있었다. "큰 인물이 되려면 시련 하나쯤은 겪어야지." 농담처럼 쉽게 자주 했던 그 말이, 이제는 농담처럼 느껴지지 않았다.

 그제야 깨달았다. 뇌는 내가 좋아하든 싫어하든, 자주 떠올린 생각을 진심으로 받아들인다는 사실을. 참고 견디다 보면 좋은 일이 올 거라는 말은 위로처럼 들리지만, 실은 "나는 지금 참고 있는 사람이다"라는 메시지를 뇌에 반복 학습시키는 것이다. 그렇게 각인된 회로는 성취가 아니라 고생을 반복하게 만든다. 열심히 살았는데도 계속 힘든 일이 반복된다면, 그건 노력의 부족이 아니라 뇌의 방향이 잘못 설정된 결과일 수 있다.

뇌는 내가 무엇을 원하는지를 묻지 않는다. 내가 무엇을 자주 떠올리고 있는지를 기억할 뿐이다. 그래서 원하는 삶을 살고 싶다면, 지금 내가 자주 반복하는 생각부터 점검해야 한다. 자아 이미지는 단지 자기 암시가 아니다. 그것은 뇌 회로의 설계도다. "나는 1천억을 벌었다"라는 문장을 반복하는 것은 허세가 아니라 훈련이다. 뇌는 그 말을 기반으로 정보를 찾고, 기회를 식별하며, 내 몸을 움직이게 만든다.

망상활성계(RAS, Reticular Activation System)는 뇌 속의 검색 엔진이다. 내가 원하는 것을 반복해서 생각하면, RAS는 그것과 관련된 단서들을 실제로 더 많이 보여준다. 평소 원하는 차를 계속 생각하면 거리에서 그 차가 자꾸 눈에 띄는 것처럼, 돈, 사람, 기회도 뇌가 인식할 수 있도록 회로를 재설계해야 한다. 뇌는 의식보다 빠르게 반응하며, 행동보다 먼저 작동한다. 행동은 의지에서 나오지 않는다. 생각이 먼저고, 뇌가 그것을 따라갈 뿐이다.

중요한 건 에너지의 흐름이다. 어떤 사람은 하루 네 시간만 자고도 미친 듯이 움직이고, 어떤 사람은 열 시간 자고도 피곤하다고 느낀다. 차이는 체력이 아니라 회로다. 뇌 속에 에너지 조절 센터가 살아 있는 사람은 미쳐 있는 것에 집중하며 지치지 않는다. 그 상태에선 억지 노력도 필요 없고, 의지력도 고갈되지 않는다. 단지 하고 싶은 생각이 먼저고, 뇌가 거기에 전력을 공급할 뿐이다.

문제는 의심이다. 원하는 생각을 하면 불편한 감정이 반드시 따라온다. '정말 가능할까?', '너무 큰 욕심 아니야?', '지금 당장 급한데, 이런 상상은 비현실적이야.' 같은 속삭임은 누구에게나 찾아온다. 그럴 때 필요한 건 싸움이 아니다. '아, 지금 내가 이런 의심을 하고 있구나.' 알아차리고, 다시 원하는 생각으로 돌아가는 반복 훈련이 필요하다. 자아 이미지를 강화하고, 언어를 리셋하며, 감정을 다시 설계하는 뇌 훈련이 필요하다.

생각은 내가 하고, 행동은 뇌가 한다. 내가 뇌에게 무엇을 말하느냐가, 내 삶이 어디로 가는지를 결정한다. 억지 긍정은 회로를 고갈시키지만, 선명한 상상은 회로를 설계한다. 반복된 말, 반복된 이미지, 반복된 상상은 결국 나의 무의식을 지배하게 되고, 뇌는 그 무의식의 언어를 현실로 구현한다. 중요한 건 얼마나 자주, 얼마나 선명하게, 얼마나 확신 있게 원하는 생각을 하고 있는가이다. 뇌는 믿는 대로 작동한다. 그리고 믿음은 반복된 언어로 만들어진다.

습관이 회로가 되면 뇌가 바뀐다

습관은 반복으로 만들어진다. 그러나 뇌에게는 단순한 반복만으론 부족하다. 뇌가 진짜 변하려면, 반복이 회로가 되어야 하고, 회로가 자동화될 만큼 충분히 이어져야 한다. 그 중심에는 '신경가소성'이라는 뇌의 비밀 병기가 있다. 신경가소성이란 뇌가 반복된 자극에 따라 구조적으로 재편되는 능력이며, 우리 모두가 새로운 인생을 설계할 수 있는 이유이기도 하다.

많은 사람들이 믿는 '21일 법칙'[1]

은 이 진실을 오해하고 있다. 뇌는 3주 만에 습관을 만들지 않는다. 뇌는 3주차 쯤에서 '낯섦'과 '거부감'을 간신히 넘길 뿐이다. 런던대에서 2009년에 발표한 '습관 형성 연구'가 사실상 이 수치를 뒷받침하고 있다.

MIT의 연구에 따르면, 평균 66일이 넘어야 습관의 기초 회로가 안

---

[1] 미국 의사 맥스웰 몰츠가 1960년대 자신의 저서 『성공의 법칙』에서 주장했다. 성형외과 의사인 몰츠는 연구를 통해 21일은 생각이 의심, 고정관념을 담당하는 대뇌피질과 두려움, 불안을 담당하는 대뇌변연계를 거쳐 습관을 관장하는 뇌간까지 가는데 걸리는 최소한의 시간임을 밝혔고, 이후 많은 심리학자와 의학자의 연구를 통해 체계화되었다.

정되고, 개인에 따라선 200일 이상 걸릴 수도 있다. 중요한 건 '몇 일 했느냐'가 아니라 '회로로 굳어졌느냐'이다.

회로화된 반복은 세 가지 조건을 갖춰야 한다. 첫째, 예측 가능해야 한다. 뇌는 일정한 리듬을 좋아한다. 같은 시간, 같은 장소, 같은 순서로 행동이 이뤄질 때 뇌는 안정감을 느끼고 반복을 회로로 받아들인다. 매일 아침 같은 시간에 일어나 스트레칭을 하거나, 점심 후 산책을 하거나, 자기 전 글을 쓰는 일은 뇌에게 '이건 고정된 패턴이야'라는 신호를 준다.

둘째, 감정과 연결되어야 한다. 뇌는 기계가 아니다. 아무 감정도 실리지 않은 반복은 뇌에겐 소음에 불과하다. 반면, '잘했어'라는 자기 칭찬 한 마디, 루틴을 끝낸 뒤 느끼는 상쾌함, 체크리스트에 표시를 하는 순간의 쾌감은 도파민과 세로토닌을 함께 분비시키며 회로를 강화한다. 그래서 '작은 보상'을 반복의 끝에 심는 것은 뇌를 위한 정교한 설계다.

셋째, 눈에 보여야 한다. 뇌는 시각적 패턴에 민감하다. 반복을 시각화하면 뇌는 더 빨리 그 흐름을 인식하고 반응한다. 루틴 달력에 체크를 하거나, 색을 칠하거나, 습관표를 벽에 붙이는 일은 단순해 보이지만 뇌에겐 강력한 학습 입력이다. '변화가 축적되고 있다'는 시각 정보는 뇌의 학습을 자극하고, 그 리듬을 유지하게 만든다.

뇌는 반복에 저항하다가도 일정 시점을 넘어서면 스스로 그 패턴을 유지하고 싶어 한다. 그 임계점은 대부분 3주차를 넘기며 시작되고, 6주차에서 안정되며, 10주차부터는 행동 자체가 자동화되기 시작한다. 이 지점에서 우리는 뇌가 더 이상 의지로 움직이는 게 아니라 회로로 움직이고 있다는 사실을 체감하게 된다.

신경가소성은 뇌의 가장 강력한 능력이며, 반복은 그 능력을 실현하는 유일한 도구다. 결심은 이틀이면 흐려지지만, 반복은 회로가 된다. 루틴은 매번 새로 다짐할 필요가 없게 만들고, 습관은 생각하지 않아도 행동이 가능하도록 만든다. 결국 의지로 만든 행동은 쉽게 무너지지만, 회로로 만든 행동은 쉽게 끊기지 않는다.

습관은 태도가 아니라 구조이며, 감정이 아니라 기술이다. 변화하고 싶다면 결심하지 말고 반복하라. 뇌는 기다리는 존재가 아니다. 뇌는 만드는 것이다. 오늘 한 번 더 반복하는 그 행동이, 당신의 내일을 만드는 회로가 된다.

정리정돈은
뇌의 실행 회로를 여는 의식이다

26살 현우는 주말 내내 집에 있었다. 침대 옆 협탁에는 전날 마신 커피 캔이 구겨져 있고, 책상 위는 뭔가를 하려다 멈춘 흔적들로 가득했다. 바닥에는 충전기, 종이봉투, 빨래가 나뒹굴고, 낮임에도 조명이 희미하게 켜져 있었다. 노트북을 켰지만, 손은 마우스를 맴돌다 멈췄다.

결국 침대에 누워 하루 종일 유튜브를 보며 시간을 보냈다. 저녁 무렵 자신이 한심하다는 생각이 들었다. 어제 분명 '내일은 좀 달라지자'고 다짐했는데, 아침에 눈을 떴을 때부터 이미 모든 게 흐려져 있었다. 그리고 그 흐릿함은 방 안 풍경과 꼭 닮아 있었다.

우리는 변화를 감정에서 시작한다고 믿는다. 반성하고, 다짐하고, 의욕이 오르기를 기다린다. 하지만 뇌는 감정보다 먼저 반응하는 입력값을 가지고 있다. 바로 감각 자극이다. 우리가 무심코 지나치는 공기, 소리, 빛, 온도, 냄새 같은 모든 감각은 전전두엽보다 앞서 감정 회로를 켜고, 행동 회로를 이끈다. 뇌는 먼저 느끼고, 나중에 생각한다. 감정은 해석이 필요하다. 언어가 필요하고, 시간이 걸린다. 하지만 감각은 즉각적이며 강력하고, 방향성을 가진다. 바닥에 맨발을 딛는 순간, 눈앞의 사물이 가지런히 정돈된 순간, 조명이 따뜻하게 바뀌는 그 순간, 뇌는 이미 그 자극을 '안전하다'는 환경 신호로 해석한다. 생각보다 먼저 몸이 반응하고, 그 반응이 결국 회로를 이끈다.

그래서 공간은 단지 배경이 아니라, 뇌를 움직이게 하는 전제 조건이다. 흐트러진 시야는 뇌에 '아직 끝나지 않았다', '아직 준비되지 않았다'는 신호를 준다. 발길에 채이는 전선들, 덜 닫힌 서랍, 책상 위 종이 더미는 전전두엽의 주의 자원을 갉아먹는다. 뇌는 끊임없이 그 불완전함을 감지하고, 감정 회로는 미세한 긴장을 만들어낸다. 행동이 미뤄지고, 감정은 흐릿해지고, 자기효능감은 작아진다. 이걸 단순히 의지 부족이라 여긴다면, 뇌의 작동 원리를 오해한 것이다.

반대로 공간이 정돈되면 뇌는 다른 회로를 작동시킨다. 규칙적인 조명, 여백이 있는 책상, 눈에 잘 띄지 않게 정리된 선들, 향이 깔리는 공기. 이 모든 감각은 뇌에게 "이제 괜찮다, 시작해도 좋다"는 환경의 언어를 전달한다.

그리고 그 신호가 반복될수록 뇌는 그 감각을 기억한다. 감각은 감정보다 빠르고, 생각보다 오래간다. 반복 가능한 감각 자극은 도파민 회로를 예열시키는 일종의 점화 장치다. 그래서 청소는 단순히 위생의 문제가 아니라, 뇌의 실행 회로를 여는 의식 행위이다.

중요한 건 청소라는 '행동' 자체보다도, 그 청소가 뇌의 감각 회로에 어떤 언어를 남기느냐다. '깨끗하니까 기분이 좋다'는 말보다 먼저, 뇌는 '이 환경에서는 내가 움직일 수 있다'는 신호를 받아들인다. 그리고 그 신호가 누적되면 뇌는 자신을 '할 수 있는 사람'으로 기억하게 된다. 뇌의 회로는 그 기억을 기반으로 다음 행동을 결정한다. 결국, 정돈된 방은 의지가 강한 사람이 만드는 게 아니라, 자기 뇌와 협업할 줄 아는 사람이 만든다.

천 원은 아까운데, 백만 원은 괜찮은 뇌

콩나물값 천 원은 아깝다. 들었다 놨다 하다가 결국 그냥 돌아서기 일쑤다. 그런데 백화점 명품가방 앞에서는 망설임 없이 수백만 원을 긁는다. 인간은 왜 어떤 돈은 아깝고, 어떤 돈은 아무렇지 않게 쓰는 걸까? 이 질문에 답을 주는 것은 '경제학'이 아니라 '뇌과학'이다.

뇌는 숫자를 계산기처럼 처리하지 않는다. 오히려 그 숫자가 불러오는 감정에 따라 의미를 재설계한다. 천 원짜리 콩나물은 '작고 반복되는 지출'로 인식된다. 먹어서 없애는 것에 불과한 실속 없고 특별하지 않은 지출이기에, 뇌의 절약 회로가 자동으로 작동한다.

반면, 명품백은 다른 회로를 건드린다. 그것은 단순한 물건이 아니라, 자존감 회복, 보상, 자기 과시, 타인의 시선, 성공의 상징 등 여러 감정이 얽힌 복합 자극 덩어리다. 뇌는 이런 자극을 만나면 도파민 회로가 활성화되고, '소비=쾌감'이라는 경험이 각인된다. 결국 수백만 원짜리 명품은 '가격'이 아니라, '감정 패키지'를 사는 셈이다. 뇌는 돈보다 감정의 무게에 반응한다. 이것이 천 원을 아까워하면서도 백만 원은 결제하게 만드는 이유다.

그런데 이 감정 회로는 사적인 소비에서만 작동하지 않는다. 때로 사람들은 민주주의, 정의, 평화, 우정처럼 눈에 보이지 않는 가치에도 아낌없이 지갑을 연다. 수익도 없고 실체도 모호한 시민단체에 정기 기부를 하고, 전쟁터 난민을 위해 수백만 원을 보내며, 친구의 아이디어에 투자한다. 이런 지출 역시 이성보다는 뇌의 가치 회로, 곧 '의미 기반 감정 회로'가 작동한 결과다.

이럴 때 뇌가 반응하는 건 쾌감보다 더 깊은 감정, 즉 신념, 정체성, 윤리감, 존재의 가치 같은 것이다. '나는 어떤 세계를 지지하고 싶은가?', '어떤 사람이고 싶은가?'라는 내면의 질문에 따라, 뇌는 이 돈을 '손해'가 아닌 '선택'으로 해석한다. 의미 있는 지출은 뇌에게 손실이 아니라 확장이다. 어떤 돈은 나를 줄이고, 어떤 돈은 나를 확장시킨다. 뇌는 이 차이를 감정의 언어로 구분한다.

결국 뇌에게 중요한 건 '얼마냐'가 아니다. '무엇을 위해', '어떤 감정을 동반하느냐'가 중요하다. 숫자는 감정과 엮일 때 비로소 가치로 전환된다. 천 원이라도 감정 회로가 경계하면 손이 떨리고, 수백만 원이라도 의미 회로가 작동하면 미련 없이 지출한다.

뇌는 항상 숫자를 감정으로 번역해 행동을 유도한다. 문제는 우리가 그 언어를 의식하지 못한 채, 습관적으로 반응하고 있다는 점이다. 콩나물 앞에서는 긴축 회로가 작동하고, 명품 앞에서는 보상 회로가 활성화되며, 정의 앞에서는 가치 회로가 깨어난다.

돈을 쓰는 손보다, 그 손을 움직이는 회로가 우리의 삶을 결정한다. 그래서 '나는 왜 이런 데에는 돈을 아끼고, 저런 데에는 아낌없이 쓰는가?'라는 질문은 곧 '내 뇌는 어떤 감정에 더 민감한가?'를 묻는 것이기도 하다.

공간·관계·언어를 리셋하는 회로 조정술

당신의 뇌는 늘 입력값을 받고 있다. 눈에 보이는 공간, 매일 마주하는 사람, 나도 모르게 되뇌는 말투 등. 이들은 모두 뇌에 끊임없이 자극을 주는 환경이다. 뇌는 숫자보다 구조에 민감하고, 자극보다 패턴에 반응한다. 즉, 당신이 처한 환경은 단순한 배경이 아니라, 행동과 감정, 선택을 설계하는 '회로 형성 도면'인 셈이다.

하루 중 가장 많은 시간을 보내는 방을 떠올려보자. 정리되지 않은 책상, 켜진 채로 방치된 모니터, 방 한쪽 구석에 쌓인 택배 상자. 이런 시각 자극은 '미완료'와 '지연'이라는 메시지를 뇌에 입력한다. 반대로, 단정한 책상, 여백이 있는 공간, 필요 없는 물건이 사라진 자리는 '선택'과 '실행'이라는 회로를 활성화시킨다. 공간은 기분을 바꾸는 게 아니라, '신경회로의 우선순위'를 조정하는 장치다.

인간관계는 더 강력하다. 누군가의 말투, 표정, 분위기는 직접적인 감정 자극이며, 반복되는 관계는 회로 그 자체로 굳어진다. 늘 불평하는 사람 옆에 있으면 내 뇌도 불평의 회로를 학습한다. 책임을 회피하는 사람과 오래 지내면, 나도 이유 없이 책임을 미루게 된다. 반대로,

문제를 해결하려는 태도, 나아지려는 의지를 가진 사람 옆에서는 뇌가 '해결 중심 회로'로 방향을 튼다. 결국, 관계는 '자극의 질'을 선택하는 일이다.

언어는 뇌에게 가장 많이 주는 입력이다. '나는 원래 이런 사람이야', '돈은 나를 피하나 봐', '할 수 있을까?' 이런 말은 그저 기분을 나타내는 말이 아니라 뇌에게 내리는 반복 명령이다. 언어는 뇌 회로의 패턴을 고정시키는 '자동 응답 시스템'이다. 회로를 바꾸고 싶다면, 말버릇부터 바꿔야 한다. '이번엔 다르게 해볼까?', '할 수 있어.', '나아지는 중이야.'. 이처럼 가능성의 언어는 회로를 확장시키는 스크립트다.

정리란 단순히 치우는 일이 아니다. 공간을 정리하면 시야가 시원·명확해지고, 인간관계를 정리하면 감정이 명료해지며, 언어를 정리하면 삶의 방향이 달라진다. 뇌는 환경의 패턴을 따라간다. 입력값이 달라지면, 회로가 달라지고, 회로가 달라지면 결국 행동이 바뀐다. 부자의 뇌란 결국, 자신이 처한 환경을 구조적으로 조정할 줄 아는 뇌다.

뇌를 다시 쓰는 하루 15분의 설계 루틴

하루를 정신없이 살아내고 나면, 선택이라 믿었던 많은 일들이 사실은 반사적 행동에 가까웠음을 깨닫는다. 일어나자마자 휴대전화를 쥐고, 습관처럼 커피를 마시고, 스트레스를 이유로 음주하고 쇼핑하는 일들이 어쩌면 선택이 아니라 자동 반응일 수도 있다는 사실은 조금 늦게야 감지된다. 뇌는 편한 길을 반복하고, 익숙한 회로를 강화하며, 변화에 저항하는 쪽으로 진화해왔기 때문이다.

그러나 뇌는 고정된 장치가 아니다. 뇌는 쓰는 대로, 반복하는 대로 바뀐다. 그리고 그 변화는 대단한 결심이 아니라 작은 훈련에서 시작된다. 하루 중 단 15분, 아주 작고 조용한 실천이 신경회로에 다른 흐름을 만들 수 있다면, 그 15분은 단순한 시간이 아니라 구조를 바꾸는 설계 도구가 된다. 이 짧은 시간에 필요한 것은 단 세 가지다. 글쓰기, 감정 분리, 명상. 모두 뇌의 전두엽을 깨우고 회로를 유연하게 만드는 정밀한 도구다.

첫 번째 도구는 글쓰기다. 감정을 말로 붙잡고 생각을 문장으로 구조화하는 이 작업은 뇌에서 가장 고차원적 기능을 담당하는 전두엽을 직접 자극한다. '나는 불안하다'가 아니라, '불안이라는 감정이 지금 내 안에 있다'라고 쓸 때, 우리는 감정에서 한 걸음 떨어진 시점을 얻는다. 이 관찰은 곧 통제이며, 통제는 판단 회로를 다시 세우는 힘이 된다. 뇌는 감정을 바라보는 주체를 느끼는 순간, 반응을 멈추고 설계하기 시작한다.

두 번째는 감정 분리 훈련이다. 뇌는 감정을 빠르게 연결하고, 익숙한 장면에 같은 감정을 덧입히며, 기억된 패턴대로 행동하게 만든다. 감정 분리란, 그 흐름을 바라보고 흘려보내는 훈련이다. '지금 나는 불안하다'는 감정 서술에서 '불안이라는 감정이 내게 찾아왔다'는 거리감 있는 문장으로 바꾸는 것만으로도 뇌는 회로를 달리 호출한다. 감정을 나로 착각하는 뇌에서, 감정을 관찰하는 나로 전환될 때, 전두엽은 뒤늦게나마 발언권을 얻는다.

세 번째는 명상 루틴이다. 명상은 멈춤이 아니라 재정렬이다. 특히 감정의 자동 반응이 강할수록 전두엽은 기능을 잃기 쉽다. 명상은 뇌의 불필요한 흥분을 줄이고, 부교감 신경을 자극해 뇌파의 흐름을 낮추며, 인지적 유연성을 회복하게 한다. 하루 3분 눈을 감고, 지금 떠오르는 생각을 그냥 지나가게 두는 것, 그것만으로도 뇌는 '즉시 반응'이 아니라 '유예된 판단'을 선택할 수 있다.

이 세 가지 훈련에는 공통된 한 가지가 있다. 그것은 관찰이다. 관찰은 감정을 행동에서 분리시키고, 반응을 인식으로 바꾸며, 무의식적 선택을 설계 가능한 구조로 전환시킨다. 뇌는 이 작은 관찰로부터 새로운 신경 연결을 만들고, 그것이 반복되면 새로운 회로가 구축된다. 바꿀 수 있는 건 행동이 아니라 회로고, 회로를 바꾸는 건 반복된 인식이다.

하루 15분은 길지 않다. 하지만 이 짧은 시간은 감정으로 움직이던 삶을 구조로 다시 설계하는 출발점이 될 수 있다. 우리는 감정을 통제할 수 없지만, 감정과 나 사이의 거리를 조절할 수 있고, 그 거리의 확보가 곧 판단력을 되돌리는 신경과학적 기초다. 뇌는 오늘도 기억된 회로대로 움직이지만, 단 15분의 훈련이 내일의 뇌를 다시 쓸 수 있다면, 우리는 매일 1%의 방향을 바꿔서 전진할 수 있게 된다.

1. 뇌 회로 다시 쓰는 30일 훈련

뇌는 매일 쓰는 대로 변한다. 감정이 길이 되고, 언어가 방향이 되며, 관계와 공간, 습관이 결국 뇌의 구조를 만든다. 우리는 뇌가 알아서 반응한다고 생각하지만, 실제로는 우리가 주는 입력값대로 반응할 뿐이다. 그래서 뇌를 변화시키고 싶다면 결심이 아니라 회로를 바꿔야 한다. 이 30일 루틴은 감정-언어-환경-보상-집중-정체성의 축을 중심으로, 뇌가 바뀌기 시작하는 반복의 리듬을 설계한 것이다.

▶ 1~5일 | 감정 루프(반복되는 회로)를 들여다보는 시간

뇌에서 루프는 특정 행동이나 감정이 자동화되는 메커니즘으로 작동한다. 돈을 대할 때 드는 감정은 대부분 오래된 기억에서 온다.

첫째 날에는 '돈이 부족하면 불안하다'처럼, 돈에 대한 감정을 한 줄로 적는다. 2일째는 최근 일주일 소비를 기록하고, 그때의 감정도 함께 적어본다. 3일째에는 '난 원래 돈에 약해' 같은 무의식적 대사를 찾아내고, 4일째에는 어린 시절 돈과 얽힌 기억 하나를 떠올려본다. 마지막 5일째, 이제 그 감정을 오늘의 언어로 다시 쓴다. '불안하다'는 '나는 준비 중이다'로, '겁난다'는 '나는 신중하다'로. 감정은 고치는 게 아니라 번역하는 것이다.

▶ 6~10일 | 말투를 바꾸면 인생이 움직인다

감정은 기억을 흔들고, 언어는 회로를 굳힌다. 6일에는 '나는 어떤 사람인가'를 세 줄로 적고, 7일째에는 스스로에게 '안 돼'라고 말했던 순간을 떠올리며 이유를 살핀다. 8일째엔 부자의 말투로 긍정 언어를 적어보고, 9일에는 내가 평소에 입에 달고 사는 돈 관련 말버릇 세 가지를 정리한다. 열흘 째에는 그 말들을 '정말 안 될까?'라는 질문으로 다시 써본다. 생각은 말을 따라가고, 뇌는 말의 구조로 움직인다. 결국 말투는 회로다.

▶ **11~15일** | 뇌는 공간과 사람에 민감하다

환경은 뇌에 주는 가장 물리적인 자극이다. 11일째에는 가장 자주 머무는 공간을 사진으로 찍고, 12일에는 그 공간에서 하나만 바꿔본다. 정리, 조명, 향기, 위치 등 사소해 보이지만 뇌에게는 강력한 메시지다. 13일째에는 나를 지치게 만드는 관계와 상황을 정리하고, 14일째에는 나를 북돋우는 존재와 말, 습관을 찾아본다. 마지막 15일째에는, 내가 지금부터 실천할 '부자 루틴' 후보를 세 가지 적어본다. 공간과 관계는 뇌에게 '이 루틴은 안전하다'는 신호를 주는 가장 확실한 언어다.

▶ **16~20일** | 도파민은 기대와 보상 사이에 있다

뇌는 '하고 싶다'는 마음보다 '곧 기분 좋아질 것 같아'라는 신호에 더 빨리 반응한다. 16일에는 나를 미소 짓게 하는 작고 안전한 보상을 리스트로 정리하고, 17일째엔 일주일 목표를 정하고 성공했을 때에 받을 보상을 설계한다. 18일째에는 '나는 어떤 칭찬에 약한가'를 떠올려보고, 19일에는 내가 실패를 피한 순간들을 돌아보며 그곳에 작은 보상을 걸어본다. 마지막 20일째, 보상을 스스로 주는 방법을 세 가지 써본다. 외부의 인정보다 강한 보상은, 내가 나에게 주는 '인정'이다.

▶ **21~25일** | 전전두엽 훈련, 집중과 감정의 기술

집중력은 뇌가 선택할 수 있는 능력이다. 21일째에는 산책, 명상, 손글씨 등 자신이 할 수 있는 일 하나를 골라 10분간 실행

하고, 22일째에는 하루에 세 번 감정을 점검한다. 23일째에는 스트레스 상황에서 내가 보였던 반응 패턴을 적고, 24일에는 감정을 나와 분리하는 연습을 해본다. 마지막 25일째에는 감정을 잘 다뤘던 한 가지 사례를 회상하고, 그때의 전략을 분석한다. 전전두엽은 바로 이 '리뷰와 조정'의 반복으로 강화된다.

▶ **26~30일** | **나만의 회로 설계도 완성하기**

마지막 5일은 회로를 '내 것으로' 고정하는 시간이다. 26일째엔 내가 원하는 재정 마인드셋을 세 가지 선언하고, 27일째엔 피하고 싶은 뇌 습관 세 가지를 적는다. 28일째에는 아침과 저녁 루틴을 각각 하나씩 설계하고, 29일엔 '경제적 자기 대사'를 작성한다. 그리고 마지막 30일 되는 날, 이 모든 여정을 함께해온 나의 뇌에게 편지를 쓴다. "고마웠다고, 이제는 같이 가보자고, 다음 회로를 만들 준비가 되었다고."

뇌는 오늘 입력한 정보로 내일을 설계한다. 변화는 '거창한 결심'이 아니라, '반복된 회로'에서 시작된다. 이 30일은 그 회로를 내가 직접 설계하고, 실행하고, 기록하는 시간이다. 감정도, 언어도, 돈도, 관계도, 이제부터는 외부 자극이 아니라 내 루틴이 결정한다. 부자의 뇌란 결국, 자기 회로를 스스로 쓰는 사람이 가진 뇌이므로.

목표	일정	행동
감정 루프 (반복되는 회로)를 들여다보는 시간	Day 1	'돈이 부족하면 불안하다'처럼, 돈에 대한 감정 한 줄로 쓰기
	Day 2	최근 일주일 소비 기록과 그때의 감정도 함께 쓰기
	Day 3	'난 원래 돈에 약해' 같은 무의식적 대사 찾아내기
	Day 4	어린 시절 돈과 얽힌 기억 떠올리기
	Day 5	그때 감정을 오늘의 언어로 다시 쓰기. '불안하다'는 '나는 준비 중이다'로, '겁난다'는 '나는 신중하다' 등으로 번역해 다시 쓰기
말투 바꾸기	Day 6	'나는 어떤 사람인가' 세 줄로 적기
	Day 7	스스로 '안 돼'라고 말했던 순간과 이유 살피기
	Day 8	부자의 말투로 긍정 언어 적어보기
	Day 9	입에 달고 사는 돈 관련 말버릇 세 가지 정리하기
	Day 10	그 말들을 '정말 안 될까?'라는 질문으로 다시 써보기
공간과 관계(사람) 정리하기	Day 11	가장 자주 머무는 공간 사진 찍기
	Day 12	그 공간에서 하나만 바꾸기. 정리, 조명, 향기, 위치 등
	Day 13	나를 지치게 만드는 관계와 상황 정리하기
	Day 14	나를 북돋우는 존재와 말, 습관 찾기
	Day 15	지금부터 실천할 '부자 루틴' 후보 세 가지 적기
도파민은 기대와 보상 사이에 있다	Day 16	나를 미소 짓게 하는 작고 안전한 보상 리스트 정리하기
	Day 17	일주일 목표 정하고 성공시 받을 보상 설계하기
	Day 18	나는 어떤 칭찬에 약한가 떠올려보기
	Day 19	내가 실패를 피한 순간들을 돌아보며 작은 보상하기
	Day 20	스스로 보상하는 법 세 가지 적기
전전두엽 훈련, 집중과 감정의 기술	Day 21	산책, 명상, 손글씨 등 나에게 맞는 한 가지를 10분간 실행하기
	Day 22	하루에 세 번 감정 점검하기
	Day 23	스트레스 상황에서 내가 보였던 반응 패턴 적기
	Day 24	감정을 나와 분리하는 연습하기
	Day 25	감정을 잘 다뤘던 사례를 회상하고, 그때의 전략 분석하기
나만의 회로 설계도 완성하기	Day 26	내가 원하는 재정 마인드셋 세 가지 선언하기
	Day 27	피하고 싶은 뇌 습관 세 가지 적기
	Day 28	아침과 저녁 루틴을 각각 하나씩 설계하기
	Day 29	'경제적 자기 대사' 작성하기
	Day 30	모든 여정을 함께해온 나의 뇌에게 편지 쓰기

부자 뇌 만드는 MBS 6단계

생각만으로는 뇌가 바뀌지 않는다. 행동도, 에너지도, 감정도 따로 논다면 회로는 흩어지고 만다. 그래서 삶이 바뀌려면 뇌만이 아니라, 몸과 마음, 무의식까지 한 줄로 정렬돼야 한다. 성공한 사람들의 회로는 '억지로 버틴 사람'이 아니라, '자연스럽게 그 삶을 살아낸 사람'에게서 발견된다. 그들이 가진 공통된 회로를 구조화한 프레임이 바로 MBS 최적화 모델이다.

MBS란 Mind, Body, Subconscious의 약자다. 생각(멘탈), 신체(바디와 뇌), 그리고 잠재의식까지 한 방향으로 정렬해야 뇌는 작동한다. 이 MBS 모델은 6단계로 구성되어 있으며, 우리가 바꾸고 싶은 거의 모든 삶의 구조는 이 6단계의 정렬 여부에 따라 갈린다. 핵심은 억지 훈련이 아니라 정렬된 루틴이다.

1단계 몸과 마음의 정렬

1단계는 몸과 마음의 정렬이다. 자세를 펴는 것만으로도 호르몬이 바뀌고, 감정의 방향이 달라진다는 연구 결과는 이미 수없이 많다. 단 2분간 자신 있는 자세를 유지하는 것만으로도 스트레스 호르몬은 줄고, 자신감 관련 호르몬은 증가한다. 우리가 '나는 안 돼'라고 느낄 때조차 뇌는 몸의 자세를 근거로 감정을 추론한다. 생각이 흔들릴 땐 몸을 먼저 바꿔야 한다.

2단계 스트레스 관리

스트레스를 억누르려 할수록, 뇌는 그것을 더 크게 느낀다. 불안한 감정은 에너지를 분산시키고, 몰입과 집중을 방해한다. 성공 회로를 만든 사람들은 스트레스를 줄이려 하지 않는다. 오히려 스트레스를 감지하고, 그것을 에너지로 바꾸는 기술을 훈련한다. 스트레스는 피하는 것이 아니라 방향을 바꾸는 것이다.

3단계 인간관계 설계

뇌는 관계 안에서 가장 빠르게 회로를 형성한다. 성취는 협력 속에서 일어나고, 감정은 소통 속에서 다듬어진다. 좋은 사람이 되려 하기보다, 좋은 신호를 보내는 사람이 되어야 한다. 말투, 표정, 리듬, 질문, 응답의 방식 하나하나가 상대방의 뇌에 정보를 심는다. 성공하는 사람들은 관계의 심리를 설계할 줄 아는 사람들이다.

4단계 끌어당김의 재정의

상상하면 이루어진다는 말은 절반만 맞다. 뇌는 내가 진짜로 믿는 상상에만 반응한다. 끌어당김은 감정과 연결되지 않으면 작동하지 않고, 반복되지 않으면 기억되지 않는다. 단순히 '될 거야'가 아니라, '나는 이미 그 안에 살고 있다'는 회로가 구축될 때, 뇌는 그것을 현실로 받아들인다. 뇌는 진짜와 상상을 구분하지 못한다.

4단계   잠재의식의 재정렬

의식이 아무리 목표를 말해도, 무의식이 '그건 네가 아니야'라고 믿는다면 행동은 멈춘다. 이것을 심리적 역전이라 한다. 목표와 무의식의 주파수가 다를 때, 뇌는 오히려 스스로를 방해하는 행동을 유도한다. NLP(신경언어프로그래밍), EFT(감정자유기법), 자기최면 등의 기술은 이 무의식 회로를 바꾸기 위해 존재한다. 자기 허락 없이 큰 성취는 없다.

4단계   루틴의 설계

루틴은 단순한 반복이 아니라, 도파민 회로가 작동하는 구조를 고정하는 도구다. 작게 성취하고, 즉시 보상하고, 매일 반복하는 구조 안에서 뇌는 확신을 갖는다. 도파민은 한 번의 성공이 아니라, 반복된 완수 안에서 분비된다. 그래서 성공은 훈련이 아니라 구조다. 루틴은 뇌가 자신을 믿기 시작하는 첫 번째 계단이다.

성공은 갑자기 찾아오지 않는다. 그것은 하나의 회로가 반복된 끝에 완성되는 감각이다. 생각이 마음을 정렬하고, 마음이 몸을 움직이고, 몸의 반복이 뇌를 다시 쓰기 시작할 때, 우리는 점점 더 그 삶에 익숙해진다. 그렇게 익숙해진 회로는 결국, 우리의 성격이 되고, 능력이 되고, 현실이 된다. 회로는 쌓이는 것이다. 반복은 힘이 되고, 정렬은 방향이 된다.

참고문헌

도서

Begley, Sharon & Davidson, Richard J.(2012), 『The Emotional Life of Your Brain』, Hodder & Stoughton.

Breunig, Loretta Graziano(2015), 『Habits of a Happy Brain』, Adams Media.

Brown, Brene(2010), 『The Gifts of Imperfection』, Hazelden Publishing & Educational Services.

Cozolino, Louis(2014), 『The Neuroscince of Human Relationship: Attachment and the Developing Social Brain』, W.W. Norton & Company.

Helmstetter, Shad(2017), 『What to Say When You Talk to Your Self』, Gallery Books.

Hendricks, Gay(2016), 『The Big Leap』, Harperone.

Leary, Mark R. & Kowalski, Robin M.(1997), 『Social Anxiety』, Guilford Publications.

Ledoux, Joseph E.(1998), 『The Emotional Brain: The Mysterious Underpinnings of Emotional Life』, Simon & Schuster.

Liberman, Matthew D.(2014). 『Social: Why Our Brains Are Wired to Connect』, Crown Publishing Group.

Pychyl, Timothy A.(2015), 『Solving the Procrastination Puzzle』, Tarcherperigee.

Siegel, Daniel J.(2010), 『Mind Sight: The New Science of Personal Transformation』, Bantam.

Zak, Paul J.(2012). 『The Moral Molecule: The Source of Love and Prosperity』, Dutton Adult.

김아영(2018), 『실패는 나의 힘』, 초이스북.

나심 니콜라스 탈레브(2013), 『안티프래질』, 와이즈베리.

노먼 도이지(2008), 『기적을 부르는 뇌(The Brain That Changes Itself)』, 지호.

다니엘 G. 에이멘(2021), 『공부하는 뇌』, 반니.

다이앤 L.쿠투, 대니얼 골먼 외(2018), 『회복탄력성: 실패와 위기에도 무너지지 않는 항체 만들기』, 21세기북스.

대니얼 J. 시겔(2011), 『마음을 여는 기술』, 21세기북스.

대니얼 J. 시겔(2025), 『부모의 내면이 아이의 세상이 된다』, 페이지2북스.

대니얼 골먼 외(2018), 『마음챙김: 내 마음의 주인으로 산다는 것』, 21세기북스.

대니얼 골먼(2008), 『EQ 감성지능』, 웅진지식하우스.

대니얼 골먼, 리처드 데이비드슨(2022), 『명상하는 뇌』, 김영사.

대니얼 카너먼(2018), 『생각에 관한 생각(Thinking, Fast and Slow)』, 김영사.

댄 애리얼리(2008), 『상식 밖의 경제학(Predictably Irrational)』, 청림출판.

데이비드 록(2010), 『일하는 뇌』, 랜덤하우스코리아.

데이비드 이글먼(2017), 『더 브레인』, 해나무.

레이 커즈와일(2016), 『마음의 탄생』, 크레센도.

로버트 사폴스키(2011), 『세계 석학들과 하는 명품 리더십: 얼룩말은 왜 위궤양에 걸리지 않는가?[제6회 로버트 사폴스키]』, 사이언스북스.(DVD)

로버트 사폴스키(2019), 『행동의 결정적 순간들』, 사이언스북스.

로이 F. 바우마이스터, 존 티어니(2012), 『의지력의 재발견』, 에코리브르.

루이스 코졸리노(2018), 『심리치료의 비밀: 뇌, 마음, 관계를 바꾸는 대화』, 지식의날개.

리드 몬터규(2011), 『선택의 과학』, 사이언스북스.

리사 펠드먼 배럿(2017), 『감정은 어떻게 만들어지는가』, 생각연구소.

리처드 J. 데이브드슨, 샤론 베글리(2012), 『너무 다른 사람들: 인간의 차이를 만드는 정서 유형의 6가지 차원』, 알키.

리처드 탈러, 캐스 선스타인(2009), 『넛지』, 리더스북.

마이클 S. 가자니가(2016), 『뇌, 인간의 지도』, 추수밭.

마크 리어리(2021), 『나는 왜 내가 힘들까』, 시공사.

마틴 셀리그만(2009), 『마틴 셀리그만의 긍정심리학(Positive Psychology)』, 물푸레.

마틴 셀리그만(2012), 『마틴 셀리그만의 낙관성 학습(Learned Optimism)』, 물푸레.

매슈 워커(2019), 『우리는 왜 잠을 자야 할까: 수면과 꿈의 과학』, 열린책들.

모건 하우절(2021), 『돈의 심리학』, 인플루엔셜.

모기 겐이치로(2025), 『부자의 뇌: 저절로 돈을 쌓는 상위 1퍼센트 부자들의 뇌 사용법』, 21세기북스.

모헤브 코스탄디(2019), 『신경가소성: 일생에 걸쳐 변하는 뇌와 신경계의 능력』, 김영사.

미하이 칙센트미하이(2005), 『몰입의 즐거움(Flow)』, 해냄.

배종빈(2025), 『나는 왜 아무것도 하기 싫을까』, 포레스트북스.

베셀 반 데어 콜크(2016), 『몸은 기억한다』, 을유문화사.

브라이언 제프리 포그(2020), 『습관의 디테일(Tiny Habits)』, 흐름출판.

브레네 브라운(2016), 『마음 가면(Daring Greatly)』, 더퀘스트.

브레네 브라운(2019), 『나는 불완전한 나를 사랑한다』, 가나출판사.

브루스 D. 페리, 마이아 살라비츠(2011), 『개로 길러진 아이』, 민음인.

브루스 D. 페리, 오프라 윈프리(2022), 『당신에게 무슨 일이 있었나요』, 부키.

브루스 S. 맥쿠엔, 엘리자베스 노턴 래슬리(2010), 『스트레스의 종말』, 시그마북스.

센딜 멀레이너선, 엘다 샤퍼(2014), 『결핍의 경제학(Scarcity)』, 알에이치코리아.

소냐 류보머스키(2007), 『행복도 연습이 필요하다(How to be Happy)』, 지식노마드.

소냐 류보머스키(2017), 『행복의 정석(Positively Happy)』, 블룸컴퍼니.

손정헌(2025), 『행복하지 않아서 뇌를 바꾸려고 합니다』, 더페이지.

수전 제퍼스(2007), 『도전하라 한번도 실패하지 않은 것처럼』, 리더스북.

시크릿 브라더(2023), 『돈 버는 뇌, 못 버는 뇌』, 황금부엉이.

안토니오 다마지오(2021), 『느끼고 아는 존재』, 흐름출판.

애나 렘키(2022), 『도파민네이션』, 흐름출판.

앨버트 반두라(1997), 『자기효능감(Self-Efficacy)』, 시그마프레스.

요스트 A. M. 메이를로(2023), 『세뇌의 심리학』, 에코리브르.

요한 하리(2024), 『벌거벗은 정신력(Lost Connections)』, 쌤앤파커스.

워런 버거(2014), 『어떻게 질문해야 할까: 혁신적인 아이디어를 만드는 3단계 질문의 기술』, 21세기북스.

월터 미셸(2015), 『마시멜로 테스트(The Marshmallow Test)』, 한국경제신문.

이선 크로스(2021), 『채터, 당신 안의 훼방꾼(Chatter)』, 김영사.

이시형(2009), 『공부하는 독종이 살아남는다』, 중앙북스.

이케가야 유지(2025), 『나답게 살고 싶어서 뇌과학을 읽습니다』, 포레스트북스.

저드슨 브루어(2021), 『불안이라는 중독(Unwinding Anxiety)』, 김영사.

제이슨 츠바이크(2021), 『투자의 비밀(Your Money, Your Brain)』, 에이지21.

제임스 클리어(2019), 『아주 작은 습관의 힘(Atomic Habits)』, 비즈니스북스.

제프리 슈워츠, 레베카 글래딩(2012), 『뇌는 어떻게 당신을 속이는가』, 갈매나무.

조 디스펜자(2021), 『BREAKING: 당신이라는 습관을 버려라』, 샨티.

조너선 하이트(2014), 『바른 마음』, 웅진지식하우스.

조던 B. 피터슨(2018), 『12가지 인생의 법칙』, 메이븐.

조지프 르두(2005), 『시냅스와 자아』, 동녘사이언스.

존 J. 레이티(2009), 『운동화 신은 뇌(Spark)』, 북섬.

존 P. 포사이스, 게오르크 H. 아이퍼트(2018), 『불안해서 밤을 잊은 그대에게』, 생각의서재.

존 T. 카치오포, 윌리엄 패트릭(2013), 『인간은 왜 외로움을 느끼는가(Loneliness)』, 민음사.

존 메디나(2009), 『브레인 룰스(Brain Rules)』, 프런티어.

지은우(2025), 『당신의 뇌가 돈을 만든다』, 돌바람.

찰스 두히그(2012), 『습관의 힘(The Power of Habit)』, 갤리온.

칩 히스, 댄 히스(2010), 『스위치』, 웅진지식하우스.

카이라 보비넷(2025), 『끝까지 해내는 뇌』, 갤리온.

칼 뉴포트(2017), 『딥워크(Deep Work)』, 민음사.

캐럴 S. 드웩(2017), 『마인드셋』, 스몰빅라이프.

켈리 맥고니걸(2020), 『스트레스의 힘』, 21세기북스.

코널 코완, 데이비드 키퍼(2025), 『뇌를 이기는 습관』, 김영사.

탈리 샤롯(2013), 『설계된 망각(The Optimism Bias)』, 리더스북.

티모시 파이카일(2014), 『START, 시작하라』, 중앙북스.

폴 블룸(2022), 『최선의 고통』, 알에이치코리아.

폴 콘티(2022), 『트라우마는 어떻게 삶을 파고드는가』, 심심.

헬렌 오데스키(2018), 『불안에 지지 않는 연습』, 시그마북스.

Arsxten, Amy F. T.(2009. 6), "Stress signalling pathways that impair prefrontal cortex structure and function", 「Nature Reviews Neuroscience」, 10(6):410-422.

Bandura, Albert(1977. 3), "Self-efficacy: toward a unifying theory of behavioral change", 「Psychological Review」, vol.84(2):191-215.

Bechara, Antoine 외(1997. 2), "Deciding advantageously before knowing the advantageous strategy", 「Science」, Vol.275(5304):1293-1295.

Berridge, Kent C. & Robinson, Terry E.(2003. 9), "Parsing reward", 「Trends Neurosciences」, Vol.26(9):507-513.

Carter, C. Sue(2014. 9). "Oxytocin pathways and the evolution of human behavior", 「Annual Review of Psychology」, Vol.65:17-39.

Duckworth, Angela L. & Gross, James J.(2014. 10). "Self-Control and Grit: Related but separable determinants of success", 「Current Directions in Psychological Science」, 23(5):319-325.

Harvard Health Publishing(2024. 4), "Stress and the Brain: The Neurobiology of Fight-or-Flight", Harvard Medical School.

Huberman, Andrew(2021), "Using Your Brain to Change Your Behavior", 「Huberman Lab Podcast」, Episode 2.

Kable, Joseph W. & Glimcher, Paul W.(2007. 11), "The neural correlates of subjective value during intertemporal choice", 「Nature Neuroscience」, Vol.10(12):1625-1633.

Kahneman, Daniel & Tversky, Amos(1979. 3), "Prospect Theory: An Analysis of Decision under Risk", 「Econometrica, Economic Society」, Vol.47(2):263-291.

Knutson, Brian & Greer, Stephanie M.(2008. 10), "Anticipatory affect: neural correlates and consequences for choice", 「Philosophical Transactions. Biological Sciences」, Vol.363(1511):3771-3786.

Knutson, Brian 외(2007. 1), "Neural predictors of purchases", 「Neuron」, Vol.53(1):147-156.

Kosfeld, Michael & Heinrichs, Markus & Zak, Paul J. & Fischbacher, Urs & Fehr, Ernst(2005. 6), "Oxytocin increases trust in humans", 「Nature」, Vol.435(7042):673-676.

Lally, Phillippa 외(2010. 10), "How are habits formed: Modelling habit formation in the real world" 「European Journal of Social Psychology」, 40(6):998~1009.

LeDoux, Joseph(2000. 3), "Emotion circuits in the brain", 「Annual Review of Neuroscience」, Vol.23:155-184.

LeDoux, Joseph(2012), "Evolution of human emotion: A view through fear", 「Progress in Brain Research」, Vol.195:431-442.

Liberman, Matthew D.(2007. 1), "Social cognitive neuroscience: A review of core processes", 「Annual Review of Psychology」, Vol.58:259-289.

McClure, Samuel M. 외(2004. 10), "Separate neural systems value immediate and delayed monetary rewards", 「Science」 Vol.306(5695):503-7.

Mcewen, Bruce S. & Morrison, John H.(2013. 7), "The brain on stress: Vulnerability and plasticity of the prefrontal cortex over the life course", 「Neuron」, 79(1):16-29.

Montague, P. Read 외(2004.), "Predicting reward: Learning and decision making in the brain", 「Nature Reviews Neuroscience」, Vol.5(11):865-875.

Rock, David & Schwartz, Jeffrey(2006. 5). "The neuroscience of leadership", 「Strategy+Business」, 43:70-79. https://www.strategy-business.com/article/06207

Schultz, W. 외(1997. 3), "A neural substrate of prediction and reward", 「Science」, Vol.275(5306):1593-1599.

Schultz, Wolfram(2016. 3). "Dopamine reward prediction error coding" 「Dialogues in Clinical Neuroscience」, 18(1):23-32.

Shiv, Baba & Fedorikhin, Alexander(1999. 12), "Heart and mind in conflict: The interplay of affect and cognition in consumer decision making", 「Journal of Consumer Research」, Vol.26(3):278-292.

유튜브

황농문의 몰입이야기 중 "부자들은 이걸 다 끊었어요":
https://www.youtube.com/watch?v=HCkohqnryGg&t=412s

지식인사이드 중 "박문화 박사 통합본":
https://www.youtube.com/watch?v=KHr7A0YJuRk

소리내어읽다 중 "뇌과학자가 밝힌 돈과 뇌의 비밀":
https://www.youtube.com/watch?v=IBT2c09BHXw

혁신하는 인간 중 "가난한 뇌의 함정":
https://www.youtube.com/watch?v=HCw6KTbQfl4&t=370s

이동환의 성공수업TV 중 가난한 뇌를 가장 빠르게 부자의 뇌로 바꾸는 방법:
https://www.youtube.com/watch?v=6ZiD9iIXqQI&t=7s

부자 뇌 가난한 뇌

지은이   이승주

초판 1쇄 발행 | 2025년 11월 11일
초판 1쇄 인쇄 | 2025년 11월 7일

펴낸곳   초이스북
펴낸이   최혜정
디자인   이희철
일러스트 장다연
주소   경기도 파주시 청계말길 52-10
전화   02-720-7773   팩스   02-6499-7560
이메일   choisbook@gmail.com

등록번호 제307-2012-19호
등록일자 2009년 12월 9일

저작권자 ⓒ2025 by 이승주
이 책의 저작권은 이승주에게 있습니다. 이 책의 내용 일부를 인용,
발췌할 때는 저자와 출판사의 허락을 받아야 합니다.

ISBN 979-11-86204-45-0   03190

값 20,000원